traficantes de sueños

Traficantes de Sueños no es una casa editorial, ni siquiera una editorial independiente que contempla la
publicación de una colección variable de textos críticos. Es, por el contrario, un proyecto, en el sentido
estricto de «apuesta», que se dirige a cartografiar las
líneas constituyentes de otras formas de vida. La construcción teórica y práctica de la caja de herramientas
que, con palabras propias, puede componer el ciclo de
luchas de las próximas décadas.

Sin complacencias con la arcaica sacralidad del libro,
sin concesiones con el narcisismo literario, sin lealtad
alguna a los usurpadores del saber, TdS adopta sin
ambages la libertad de acceso al conocimiento. Queda,
por tanto, permitida y abierta la reproducción total o
parcial de los textos publicados, en cualquier formato
imaginable, salvo por explícita voluntad del autor o de
la autora y sólo en el caso de las ediciones con ánimo
de lucro.

Omnia sunt communia!

mapas

Mapas. Cartas para orientarse en la geografía variable de la nueva composición del trabajo, de la movilidad entre fronteras, de las transformaciones urbanas. Mutaciones veloces que exigen la introducción de líneas de fuerza a través de las discusiones de mayor potencia en el horizonte global.

Mapas recoge y traduce algunos ensayos, que con lucidez y una gran fuerza expresiva han sabido reconocer las posibilidades políticas contenidas en el relieve sinuoso y controvertido de los nuevos planos de la existencia.

Primera edición: septiembre de 2024

Título: Manual para quemar el Liceo. Manifiesto por una cultura ecológica
Autor: Jaron Rowan

Edición del texto:
María Serrano
Maquetación y diseño de cubierta:
Traficantes de Sueños
Edición:
Traficantes de Sueños
C/ Duque de Alba 13. C. P. 28012. Madrid.
Tlf: 915320928
mail:editorial@traficantes.net
 @editorial.Traficantes
 @Traficantes_Ed

ISBN: 978-84-19833-24-2
Depósito Legal: M-18015-2024

Manual para quemar el Liceo

Manifiesto por una cultura ecológica

Jaron Rowan

traficantes de sueños

mapas

Índice

Quiero dar las gracias a Trafis por invitarme a escribir este libro. A Sergio por insistir una y otra vez en que lo hiciera. A Pele y a Núria por invitarme a presentar algunas de sus ideas en el momento preciso en el que estaban cuajando. Y muy especialmente quiero agradecer a Laura por todas las conversaciones, el apoyo y por obligarme a sacarle punta a las ideas y debates que aquí se presentan.
Gracias. Gracias. Gracias.

1. Ha llegado la hora de revisarnos la cultura

> Es mejor perder de vista la costa, que perder de vista el mar.
>
> Charnego, *Preferiría hacerlo*.

EL SIGLO XX fue un siglo de vapuleos y enmiendas, de sacarle las vergüenzas a muchas de las asunciones nacidas al calor de la modernidad europea. Pese a que gran parte de su legado pasó por la trituradora, se dejó intacta una idea que hoy permea muchas esferas de nuestra vida: la idea ilustrada de que la cultura «civiliza» nos libera o nos hace mejores. Una idea de cultura que sigue muy viva y presente en nuestros imaginarios colectivos. Desde aproximadamente mediados del siglo XX, en el ámbito del pensamiento crítico o de izquierdas empezaron a proliferar una serie de teorías, análisis y corrientes de pensamiento centrados en el análisis crítico de la Ilustración europea y la modernidad. Una de las obras más destacadas en ese ámbito fue *Dialéctica de la Ilustración*, de Theodor Adorno y Max Horkheimer, en la que los autores ponían en crisis el legado, los ideales y los logros atribuidos a dicho periodo histórico. El libro, que a su vez se hace eco de algunos análisis y genealogías anteriores,[1] constituyó el detonante de una crítica a la modernidad que tuvo un hondo calado en diferentes escuelas y tradiciones de todo el siglo XX. Desde entonces, la gestión del legado moderno, tanto en lo que se refiere a sus herencias epistémicas como políticas, se ha convertido en un fértil objeto de análisis y campo de trabajo.

La dialéctica (la paradoja) de la Ilustración reside en que el mismo momento histórico que trajo la emancipación de millones de personas del yugo de las monarquías absolutas, la limitación del poder de la Iglesia, el impulso del pensamiento científico y el desarrollo tecnológico y una mejora cualitativo de la vida de las personas comunes, fue a su vez el germen de la burocratización, la industrialización y la racionalización de nuestras vidas.

Esta dialéctica —el lado oscuro de la modernidad— ha suscitado amplios debates y, como antes mencionaba, no son pocas las obras de pensamiento que, desde posiciones de izquierdas, han lidiado con sus consecuencias. Recogiendo solo algunas de las propuestas más notables podemos citar libros como *Las palabras y las cosas*, de Michel Foucault, que desde una perspectiva postestructuralista pone en cuestión el legado epistémico de la modernidad; *La muerte del autor*, de Roland Barthes, que vino a poner en jaque la figura del creador genial aislado de su contexto, heredada del movimiento romántico, así como la propia idea de autoría; la noción de «antihumanismo» de Louis Althusser, con la que se buscaba romper de forma radical

---

[1] En especial y de forma notable del pensamiento de Friedrich Nietzsche y su crítica a la cultura burguesa o de Max Weber y su crítica a la razón instrumental. Para profundizar en este debate puede verse Jenny Segoviano García, «Reseña de *Dialéctica de la ilustración* de Horkheimer», *Razón y Palabra*, núm. 75, 2011 [fecha de consulta 7 de febrero de 2024], disponible en: https://www.redalyc.org/articulo.oa?id=199518706033

con la tradición humanista; el libro *Ciencia, cyborgs y mujeres* de Donna Haraway, que desde una perspectiva feminista cuestiona los binarismos de los modelos epistémicos modernos; *The Darker Side of Western Modernity*, de Walter Mignolo, que realiza un análisis de los aspectos más tenebrosos de la modernidad y su legado colonial; o como exponente del posthumanismo, a Rosi Braidotti y su obra *Lo posthumano*, en la que pone en crisis la misma noción de «humano» heredada de la modernidad.[2]

En todas estas obras y debates se recogen y se profundiza en los efectos y consecuencias derivadas de esa paradoja que originariamente plantearon los representantes de la Escuela de Frankfurt. Adorno y Horkheimer señalan que, al contribuir a la desaparición del pensamiento basado en la fe, la Ilustración permitió que la razón se impusiera como la forma hegemónica de comprender la realidad. Los autores se lamentan de que, en esta batalla epistémica, la estética y la belleza acabaron perdiendo frente a la razón y la crítica. Como resultado, se estableció un predominio de lo que denominan —influidos por Max Weber— razón instrumental: es decir, una racionalización, cuantificación y mecanización de todos los ámbitos de la vida que conllevó el sometimiento de las personas a la razón burocrática y a los dictados del mercado. La cultura también se vio afectada por este proceso.

En el ámbito cultural, uno de los resultados de la subordinación de toda la realidad material y sensible a los dominios del cálculo y de la razón, es el surgimiento

---

[2] Michel Foucault, *Las palabras y las cosas*, Madrid, Siglo XXI, 2009; Roland Barthes, *La muerte de un autor. El susurro del lenguaje*, Barcelona, Paidós; 1987; Donna J. Haraway, *Ciencia, cyborgs y mujeres: la reinvención de la naturaleza*, Madrid, Cátedra, 1995; Walter D. Mignolo, *The Darker Side of Western Modernity*, Duke University Press, 2011; Rosi Braidotti, *The Posthuman*, Londres, Polity Press, 2013.

de lo que Adorno y Horkheimer denominaron la industria cultural. Al acuñar este término, deseaban denunciar el proceso productivo por el que las lógicas racionales y productivas llegaron a imponerse sobre lo que conocemos como cultura. La Escuela de Frankfurt sostenía que la cultura, que tenía la posibilidad ser un elemento de transformación social y un medio crucial para el pensamiento crítico y la resistencia al pensamiento uniforme, se estaba viendo sometida al mismo proceso de industrialización fordista que otros tantos ámbitos de la vida. Esto ponía en peligro ese potencial emancipador y político, pues el propio modelo económico que permitía producir y difundir objetos culturales de forma masiva estaba, al tiempo, condicionando y dictando el tipo de mensaje que estos objetos contenían y propagaban.

Adorno y Horkheimer se adelantaron al teórico de la comunicación Marshall McLuhan, postulando casi dos décadas antes que él, que el medio (de producción) es el mensaje. Para esta tradición de pensamiento, son los modos de producción los que determinan, en última instancia, el potencial político de una nueva panoplia de objetos y artefactos culturales que, tras la Segunda Guerra Mundial, no hicieron más que multiplicarse. Por ello, y para evitar los excesos de la industria cultural —que ponía los bienes y artefactos de la cultura al servicio del mercado y de la reproducción ideológica, y convertía las obras de arte en meros productos comerciales, objetos de consumo y entretenimiento—, defendieron la necesidad de promover una cultura autónoma: es decir, una cultura que se mostrara singular y crítica, demasiado compleja como para ser capturada por la industria cultural, capaz de desafiar las normas y convenciones estéticas hegemónicas. Con este objetivo, en su conocida obra *Teoría estética*, Theodor Adorno defendió la idea de la autonomía del arte y de la cultura, al tiempo que se mostró firmemente en contra tanto de esta instrumentalización con fines comerciales como de su manipulación política por motivos parti- distas.[3] La idea de la autonomía de la cultura nació, por tanto, también como reacción a su uso con fines propagandísticos al calor de la experiencia que los re- presentantes de la Escuela de Frankfurt habían vivido en la Alemania nazi. Una cultura autónoma debía ser capaz de contener tanto los excesos del mercado como las injerencias del Estado, de evitar convertirse tanto en un producto como en un instrumento político. Y su relevancia se fundamentaría, precisamente, en su capa- cidad de tensionar los paradigmas estéticos existentes.

A diferencia de algunos de sus coetáneos, Adorno no creía en un «arte comprometido», es decir, en las prácticas artísticas que se presentan explícitamente como políticas. Más bien al contrario, como apunta la gestora cultural Genara Sert: «En su defensa de un "arte autónomo", Adorno se enfrenta con aquellos que abogan por un "arte comprometido". Precisamente las célebres discrepancias entre Adorno y Walter Benjamin cristalizaron en la predilección por parte del primero del "arte autónomo" en detrimento del "arte compro- metido", en lo que constituye un rechazo de que el "compromiso" o la "crítica social" del arte se manifies- te necesariamente mediante la intervención política».[4] El argumento de Adorno se sustentaba en la convic- ción de que las prácticas creativas debían preservar su capacidad de inquietar, de desafiar las hegemonías establecidas y de romper con las expectativas conven- cionales como medida para evitar verse atrapadas por

---

[3] Son varias las obras de Adorno en las que aborda esta noción de cultura autónoma, pero donde lo explora de forma más clara es en Theodor Adorno, *Teoría Estética. Obras Completas*, vol. 7, Madrid, Akal, 2005.

[4] Genara Sert Arnús, *El concepto de autonomía del arte en T. H. W. Adorno*, Tesis Doctoral, Universidad de Barcelona, 2015, disponi- ble en http://hdl.handle.net/10803/287329

las redes, tanto de la industria cultural, como de la maquinaria política. Sin embargo, en una paradoja que no
podemos pasar por alto, la búsqueda de esta autonomía —del «arte por el arte»—, ha acabado dando lugar
a menudo a la creación de prácticas culturales que se
vuelven autorreferenciales. Obras que en ocasiones se
hacen intencionadamente inaccesibles para el público
en general, adoptando un cierto carácter elitista o, en
otros casos, cayendo directamente en la trampa de la
autocomplacencia. La cultura, en estas circunstancias,
en lugar de hacerse autónoma se atomiza, y esto contribuye, como argumentaremos más adelante, a que se
vaya volviendo socialmente irrelevante.

La industrialización y la mercantilización de la
cultura han contribuido a fomentar dos mecanismos
interesantes. Por un lado, la individualización de las
prácticas culturales: la industria cultural ha recogido
el testigo de la figura del artista genio del romanticismo y ha hecho de él la definición del sujeto creativo.[5]
Por otro lado, ha impulsado un fenómeno al que nos
referiremos como «fractura estética»: es decir, la percepción de que la cultura es algo aislado sin conexión
con su contexto, algo que no es político ni social, que
no acontece todos los días ni en todas partes. Los artefactos culturales, la experimentación con los lenguajes
creativos y las prácticas sociales experimentales se nos
ofrecen como unos objetos de consumo desarraigados
de sus contextos sociales o como una serie de prácticas
que paulatinamente se vuelven dóciles y socialmente
irrelevantes. Con ello, los imaginarios se simplifican.

---

[5] La materialización de este fenómeno podemos observarla incluso en el nivel de las políticas públicas. En el Estado español, por
ejemplo, dichas políticas han tomado esta figura del creador individual, llamado emprendedor cultural, y lo han transformado
directamente en el agente principal de la práctica cultural. Un análisis más extenso de esta operación puede verse en Jaron Rowan,
Emprendizajes en cultura, Madrid, Traficantes de Sueños, 2010.

La cultura-mercancía se presenta como si fuera fruto de la creatividad individual, como si emergiera del genio de una sola persona.

Como vemos, los representantes de la Escuela de Frankfurt se cuestionaron muchos de los ideales asociados a la Ilustración europea y pusieron de manifiesto algunas de sus consecuencias más nefastas. Sin embargo —y paradójicamente—, en el que posiblemente sea su libro más emblemático, *Dialéctica de la Ilustración*, dejaban sin analizar una idea muy concreta y muy arraigada en el pensamiento burgués: la creencia en que la cultura tiene, en sí misma, el potencial de ser un agente emancipador y transformador para las personas. El trabajo de genealogía que hicieron con respecto al pensamiento ilustrado se quedó a medias en uno de sus ámbitos más cruciales: la propia noción de cultura.

Si, para los objetivos de este libro, me interesaba trazar de partida este recorrido por las críticas que vertió la Escuela de Frankfurt a la noción ilustrada de cultura no es por afán historiográfico, sino porque, hasta hace relativamente poco, el pensamiento de izquierdas también ha dejado pasar mayoritariamente este desliz y sigue haciendo suya la defensa de la cultura como una bondad esencial e incuestionable. Sigue dando por hecho que esta cosa llamada cultura es una herramienta de liberación y antagonismo. Que la cultura es fuente de riqueza personal y constituye un conjunto de prácticas y un entorno al que todo el mundo debería acceder. Que siempre es mejor tener cultura que no tenerla. Que el pensamiento crítico requiere de esta cosa llamada cultura para prosperar. Que la cultura nos enaltece. Bajo esta perspectiva, la cultura nos hace personas más civilizadas. Más cívicas. Mejores.

En definitiva, los análisis críticos de la Ilustración y el legado moderno han impugnado prácticamente todo: desde la herencia epistémica —las taxonomías y dicotomías con las que han estructurado el conocimiento— hasta el eurocentrismo y su fundamentación colonial, desde la naturalización y reproducción del patriarcado a su humano-centrismo o el abuso de la racionalidad como causa explicativa, por citar solo algunos elementos, pero apenas han prestado atención a una noción de cultura muy determinada y que fue absolutamente central para el proyecto ilustrado.

Alternativas y críticas a la cultura

La crítica a la industria cultural que proponían los representantes de la Escuela de Frankfurt dejaba poco espacio para las alternativas o para la transformación. Su oposición explícita al jazz, a las radionovelas y a otros productos de la industria cultural ponían al lector en una situación de todo o nada. Por ello, y con el objetivo de complejizar estos planteamientos, a mediados del siglo xx surgieron en el Reino Unido los denominados estudios culturales, también inspirados en gran medida por el pensamiento de la Escuela de Frankfurt, y con el objetivo de evidenciar los límites y alternativas a la industria cultural. Con la voluntad de responder a la hegemonización del pensamiento racional, la homogeneización de la producción cultural y la estandarización de las ideas, esta nueva disciplina académica buscaba comprender y valorar el potencial emancipador de la cultura. En este contexto surgió la denominada Escuela de Birmingham, que, además de heredar las ideas de la de Frankfurt, se inscribía en una tradición de historiografía marxista británica representada por autores como E. P. Thompson o Richard Hoggart. Estos autores asentaron un importante legado de puesta en valor de las culturas de las clases trabajadoras, logrando así abrir brechas en una noción monolítica hegemónica de la cultura y visibilizando la existencia de multitud de culturas a las que la historiografía oficial apenas había prestado atención.

Desde los estudios culturales, en diálogo abierto con autores como Gramsci o Althusser, se abordaron las cuestiones de la interpelación y la hegemonía. Se exploraron en profundidad los modos en los que las culturas mayoritarias generan unas formas de subjetividad y comportamiento determinadas. El énfasis en la capacidad de la cultura para producir subjetividades fue a costa de dejar de lado el análisis sobre los aspectos más estructurales que atañen a la cultura, o en torno a su dimensión económica. Si una de las ideas más importantes de la crítica a la industria cultural de Adorno y Horkheimer era la de que sin cambiar el modo de producción es imposible transformar las formas ideológicas inherentes a los productos de la industria cultural, los estudios culturales optaron por buscar salidas alternativas al problema.

Por su parte, Raymond Williams lo hizo ahondando en lo que en su momento denominó cultura ordinaria o común, esto es, poniendo en valor culturas obreras, cotidianas y alternativas frente a la hegemonía de la cultura burguesa. Tanto Raymond Williams como E. P. Thompson escribieron historias y recogieron tradiciones de cultura popular y proletaria, y profundizaron en una idea de cultura como un ente ordinario. Para ellos, la cultura no podía ser un mero artefacto de distinción a través del gusto, que permite a ciertos grupos sociales reproducir sus valores y espacio social. Definieron la cultura como algo que acontece entre personas de distintas clases sociales y en contextos no especializados. Stuart Hall también se propuso complejizar, desde los estudios culturales, la crítica a la industria cultural y centró su trabajo en el estudio de la agencia que tiene el espectador para codificar y descodificar los mensajes ideológicos ocultos en películas o series de televisión. De esta forma, frente al consumo pasivo que nos presentaban Adorno y Horkheimer, se abrió la figura del espectador capaz de dar la vuelta al sentido, reinterpretar los mensajes e incluso transformar los imaginarios a los que se enfrentaba. Tanto Stuart Hall como el sociólogo Paul Gilroy fueron pioneros en promover la investigación en torno a las culturas negras y no europeas. De otro lado, Angela McRobbie, teórica de los estudios culturales, analizó las formas en las que los feminismos podían desafiar las hegemonías propias de una cultura ampliamente imbuida de tintes patriarcales. También con el objetivo de promover el potencial emancipador de la cultura de clase se ahondó en el papel político de las subculturas, en el modo en que las tensiones raciales habían abierto espacios de posibilidad cultural en el Reino Unido o en cómo los gestos y rituales que caracterizaban las culturas obreras y comunes abrían espacios para el antagonismo y la afirmación de la clase.[6]

Así, se fue consolidando una corriente de pensamiento que, inspirada en Frankfurt, profundizaba en el papel político y emancipador de la cultura, rescatando y poniendo en el centro tradiciones de la cultura

---

[6] Sobre todas estas propuestas pueden verse, por ejemplo, Raymond Williams, *Cultura y Sociedad: 1780-1950 De Coleridge a Orwell*, Buenos Aires, Nueva Visión, 2001; Stuart Hall, *Encoding and Decoding in the television discourse,* Discussion Paper, Birmingham, University of Birmingham, 1973; Centre for Contemporary Cultural Studies, *The Empire Strikes Back: Race and Racism in 70s Britain*, Londres, Routledge, 1982 [ed. cast.: *El imperio contraataca*, Madrid, Traficantes de Sueños, 2025]; Paul Willis, *Aprendiendo a trabajar. Cómo los chicos de la clase obrera consiguen trabajos de clase obrera*, Madrid, Akal, 2017; Angela McRobbie, *Jackie': an ideology of adolescent femininity,* Birmingham, Centre for Contemporary Cultural Studies (CCCS Stencilled Papers), 1978; D. Hebdige, *Subculture. The Meaning of Style*, Londres, Routledge, 1979; Stuart Hall, Tony Jefferson, *et al.*, *Rituales de resistencia: subculturas juveniles en la Gran Bretaña de posguerra*, Madrid, Traficantes de Sueños, 2014.

proletaria, tradiciones contestarias y subalternizadas. Este tipo de aproximaciones puso en crisis —si bien no logró dinamitarla del todo— una noción de cultura que es la que seguimos manteniendo en la actualidad y que había nacido en un contexto social y político muy determinado: el auge de la burguesía ilustrada europea. En el siguiente capítulo vamos a explorar los orígenes históricos de esta noción específica de cultura. Veremos cómo, por mucho que haya sido ampliamente debatida y puesta en entredicho, sigue preservando su vitalidad, conservando muchos de los valores e ideales con los que se formó en un primer momento.

La industrialización de la cultura y su transformación en industria cultural no supuso, como ha explicado Jaime Vindel, una erradicación de los ideales burgueses de los que surgió. «Al convertirse en un producto serial de las industrias —escribe Vindel—, la cultura no destronaba el elitismo de la burguesía, sino que profundizaba su poder persuasivo para diseminar socialmente sus imaginarios».[7] La industria cultural multiplicó tanto el poder de distribución como el impacto de la cultura burguesa y la convirtió en hegemónica, hasta el punto de que hoy apenas diferenciamos la noción de cultura burguesa de la noción de cultura en general. Es más, los relatos, imaginarios y estéticas de la cultura burguesa son tan hegemónicos, que esta se ha convertido paulatinamente en la única noción de cultura con la que sabemos y podemos manejarnos. Uno de los objetivos de este libro es intentar deslindar la noción de cultura de la noción de cultura burguesa, recogiendo el legado de los estudios culturales pero profundizando, además, en lo que denominaremos una noción ecológica de la cultura.

Salir de la larga sombra de la idea de cultura burguesa no es tarea fácil. Las culturas populares, proletarias

---

[7] Jaime Vindel, *Cultura fósil*, Madrid, Akal, 2023, p. 330.

y disidentes cuyo valor defendieron autores como E. P. Thompson o Raymond Williams se han visto históricamente marginadas o contaminadas por los imaginarios y valores de la cultura burguesa. Al fin y al cabo, son estos valores los que en el continente europeo han promovido históricamente instituciones públicas, museos, auditorios, teatros, industrias culturales, creativas y festivales. Esta idea de cultura es tan funcional a los Estados nación, que estos la abrazaron y centraron sus energías en reproducirla. La proliferación de instituciones, marcos legislativos y formas de financiación pública, en torno a esa idea ilustrada de la cultura dan buena cuenta de ello. En estos aspectos ahondaremos también al analizar cómo las administraciones públicas, con el objetivo de hacerse con el control de esta cosa llamada cultura, la han transformado en objeto de derechos. Para objetivar qué es y qué no es cultura, las administraciones se han visto obligadas a identificar un conjunto de valores o estéticas que debían estar presentes en aquellos objetos o prácticas que desearan ser calificados como «culturales», al tiempo que se relegaban al olvido otras formas de hacer cultural.

Desde la tradición de los estudios culturales y desde los estudios post y decoloniales la crítica a la noción hegemónica de cultura ha ido ganando cada vez más fuerza. Desde una óptica decolonial, el analista cultural Victor Vich nos invita a poner en crisis la noción de cultura en su totalidad. En su libro *Desculturizar la cultura* afirma que «las políticas culturales deben servir para revelar cómo las normas culturales que nos han socializado corresponden a patrones de poder, pero, sobre todo, para deconstruirlas, deslegitimarlas y para comenzar a construir otras nuevas».[8] Nos recuerda que es importante diseñar políticas culturales que sean

---

[8] Victor Vich, *Desculturizar la cultura. La gestión cultural como forma de acción política*, Buenos Aires, Siglo XXI, 2014.

capaces de escapar de los legados hegemónicos, ideales y valores que ha establecido la noción burguesa de cultura. Nos insta a deslindar la noción de cultura burguesa de otras tradiciones e imaginarios posibles. La socióloga Silvia Rivera Cusicanqui también nos insta, en su libro *Un mundo ch'ixi es posible*, a explorar otros sistemas culturales y de valor que fueron ninguneados o suprimidos por el proyecto colonial.[9] De forma paralela y en diálogo con estas críticas, en diversos países de América Latina han nacido recientemente movimientos dedicados a trabajar y rescatar visiones pre-coloniales, culturas indígenas, populares y de base comunitaria.[10]

Estos llamamientos a explorar cosmovisiones no europeas, a recuperar formas de producir sentido de forma colectiva, han logrado poner en crisis la relación de la cultura con el sujeto individual que hemos heredado de la Ilustración europea. También nos dan importantes pistas sobre cómo concebir la cultura más allá de ese estrecho marco interpretativo. Este deseo de recuperación de la cultura comunitaria estuvo además presente en las agendas iniciales de toda una serie de partidos y candidaturas municipalistas que al calor del movimiento ciudadano del 15M surgieron en distintos puntos del Estado español.[11] Desde los ayuntamientos de algunas ciudades en las que estos partidos llegaron a gobernar, como Barcelona o Zaragoza, se exploraron e impulsaron diferentes iniciativas de cultura comunitaria que tuvieron una suerte desigual. Si bien, sobre el papel, poner a las comunidades en el centro de la agenda cultural tenía sentido, en la práctica, luchar contra

---

[9] S. Rivera Cusicanqui, *Un mundo ch'ixi es posible: ensayos desde un presente en crisis*, Buenos Aires, Tinta Limón, 2018.

[10] Ver la página web: https://culturavivacomunitaria.net/

[11] Para una revisión crítica del fenómeno y de sus efectos políticos ver Emmanuel Rodríguez, *La política en el ocaso de la clase media: el ciclo 15M-Podemos*, Madrid, Traficantes de Sueños, 2016.

los discursos individualizantes, los imaginarios de la industria cultural o la noción de cultura como una forma de consumo individual resultaba, cuando menos, complicado. Paradójicamente, que una administración pública prescriba y promueva aquello que la cultura siempre pudo ser, un proyecto colectivo y común, puede acabar operando de forma paternalista, destilando incluso un cierto clasismo. Si el apoyo público a la cultura comunitaria no va acompañado de procesos de redistribución de poder y respeto por la autonomía, pueden acabar generándose pequeños guetos de conocidos que representan la cultura común frente a las administraciones.[12]

Pese a las enmiendas y críticas que ha recibido en el último siglo, hoy en día seguimos usando y promoviendo una idea de cultura que contiene muchos de los valores e ideales heredados del contexto socio-político ilustrado. Nos cuesta mucho prescindir de esa idea de que hay una cosa llamada cultura que, en teoría, nos tiene que transformar en sujetos más sofisticados, más refinados, un poco mejores. Estamos en un momento histórico de purga y revisión profunda de los legados sociales más complejos y las formas de desigualdad que implican. La intención de este libro es exponer las nociones particulares de subjetividad, trabajo y política que implica esa noción de cultura burguesa que hemos heredado con el objetivo de, siguiendo la tradición de los estudios culturales, ponerla patas arriba.

---

[12] Un análisis más extenso de esta situación puede verse en Jaron Rowan, «El juego de las sillas, o la participación como redistribución de poder», *revista PH* (especial monográfico). *De lo público al bien común: emergencia de otros modelos de gestión del patrimonio cultural*, núm. 101, Instituto Andaluz del Patrimonio Histórico, 2020, disponible en https://www.iaph.es/revistaph/index.php/revistaph/article/view/4725

2. La tensión entre idealismo y materialismo cultural*

Uno puede estar altamente cultivado y en completa bancarrota moral.

Terry Eagleton, *Cultura*.

El mismo término «cultura», con su agradable invocación de consenso, puede servir para distraer la atención de las contradicciones sociales y culturales, de las fracturas y las oposiciones dentro del conjunto.

E. P. Thompson, *Costumbres en común*.

El gran problema que se nos presenta al hablar de cultura es que con una misma palabra podemos estar enunciando y aludiendo a cosas muy diferentes. Podemos hablar tanto de un conjunto de costumbres o valores compartidos, como de un tipo muy concreto de actividades y objetos que tildamos de culturales, o

---

* Parte de este capítulo está basado en el artículo que escribí junto a Sergio Ramos Cebrián en el año 2023. Para más información ver Jaron Rowan y Sergio Ramos Cebrián, «La cultura como colonia, instrucción y cultivo. De cómo las diferentes nociones de cultura afectan a las políticas culturales», *ANIAV - Revista de Investigación en Artes Visuales*, núm 12 (marzo), 2023, pp. 1-12, disponible en https://doi.org/10.4995/aniav.2023.19143.

también de un régimen simbólico mediante el que dotamos de sentido al mundo en el que vivimos. Es decir, aun estando de acuerdo, personas diferentes podríamos hablar de cultura y referirnos a cosas distintas y, por lo general, sin darnos mucha cuenta de ello.

Aquí me interesa profundizar en esa diferencia, esa tensión entre la cultura entendida como una realidad simbólica e inmaterial y la cultura entendida como un conjunto de objetos y prácticas materiales específicas. La tensión, en definitiva, entre la cultura entendida como una cosa abstracta, casi como un ideal a seguir, y la cultura como algo que surge de la interacción entre las personas y, por tanto, emana directamente de nuestra vida social y material. Esa primera idea de cultura, de corte idealista, nació al calor de la revolución burguesa durante la Ilustración y opera desde el convencimiento de que la cultura es el medio por el que las personas pueden ilustrarse, crecer y forjarse una identidad. Esta noción es relativamente reciente en términos históricos y contiene en sí misma una serie de preceptos ideológicos y cosmovisiones muy determinados, que eran propios de la burguesía de aquel momento. En este capítulo vamos a contraponer esta noción con otra idea de cultura de corte más materialista forjada, ya en el siglo xx, en el contexto de la antropología y los estudios culturales. Se trata de una visión que postula, en cambio, que la cultura puede ser algo ordinario, algo común que se materializa en acciones y artefactos cotidianos que permiten a los diferentes grupos sociales dar sentido a sus vidas. Lejos de ser una suerte de materia abstracta que nos enaltece y libera, la cultura puede ser aquello que nos hace parte de comunidades concretas y nos vincula a los demás.

En la actualidad, cuando hablamos de cultura estas dos visiones que acabo de describir tienden a hibridarse y disolverse la una en la otra, pese a que las implicaciones y valores que las sustentan son profundamente distintos. Por ello, quiero prestar una atención especial a la que es, seguramente, la gran contradicción que habita en la noción de cultura: este ente que tiene el potencial de fomentar nuestro crecimiento intelectual, hacernos mejores ciudadanos, reunirnos, al tiempo que tiene también —paradójicamente— la capacidad de adoctrinarnos, de hacernos más uniformes y someternos a unos patrones específicos de pensamiento y comportamiento. Lo que desde una perspectiva ilustrada se entendió como una herramienta de refinamiento personal y liberación, puede ser al mismo tiempo un elemento de normalización e imposición de imaginarios hegemónicos y subjetividades predefinidas. Para comprender la paradoja que entraña la noción de cultura, es necesario examinar su historia y el modo en que, en unas circunstancias concretas, se ha desarrollado la idea del sujeto de dicha cultura. Con ese fin, vamos a contrastar aquí las visiones más idealistas de la cultura con otros enfoques más materialistas, en busca de una noción crítica y poliédrica de la cultura que permita poner en evidencia las contradicciones políticas que encierra la definición ilustrada, cuya herencia sigue hoy presente en nuestros debates y nuestras políticas públicas.

La noción moderna de cultura

Posiblemente, una de las aproximaciones más completas e interesantes al análisis de la noción de cultura sea la que ha realizado el crítico literario y analista cultural británico Terry Eagleton, cuyo trabajo ha estado dedicado en gran parte a esclarecer su significado. En su libro *La idea de cultura* nos presenta una historia del término que va intercalando con algunos de sus principales usos y sus consiguientes contradicciones. «Uno de sus significados originales», nos explica Eagleton

«es el de "producción", o sea, un control del desarrollo natural [...] así pues, la palabra que usamos para
referirnos a las actividades humanas más refinadas la
hemos extraído del trabajo y la agricultura, de las cosechas y del cultivo».[1] La noción de cultura ha pasado
pues, de alguna forma, de utilizarse para describir un
tipo de trabajo manual, cultivar la tierra, a emplearse
para referirse a algo completamente abstracto y hasta
intangible: el cultivo de las mentes de las personas. En
una trasposición metafórica la noción de cultura pasa
de ser un descriptor de una actividad física concreta
—la de cultivar o cosechar— a usarse como metáfora
del «cultivo personal». Pasamos de cultivar patatas a
cultivar a los humanos.

Raymond Williams también atendió a esta trayectoria cuando escribió que la palabra «cultura» proviene del latín *colere*, que en su momento «tenía una serie
de significados: habitar, cultivar, proteger, honrar con
veneración».[2] Algunos de estos significados se fueron
escindiendo del término original dando pie a palabras
diferentes que compartían la misma raíz etimológica.
Por un lado, *cultus* que está en la raíz de la palabra
«culto», con el sentido de honrar a algo o a alguien.
De ahí la expresión contemporánea «rendir culto» a
alguien. Por otra parte, la palabra *colonus* se refería a
«habitar», sentido que en la actualidad está presente,
por ejemplo, en la palabra «colonia». Para colonizar
un trozo de tierra o un territorio había que empezar
a cultivarlo.[3] Así los vocablos *colonus* (labrador y habitante), y *colere* (cultivar, habitar) provienen de la misma raíz etimológica. Colonizar, cultivar, cultivarse: tres
acciones distintas que, como veremos a continuación,

---

[1] Terry Eagleton, *La idea de cultura: una mirada política sobre los conflictos culturales*, Barcelona, Paidós, 2001, p. 11.

[2] Raymond Williams, *Palabras clave: un vocabulario de la cultura y la sociedad*, Buenos Aires, Nueva Visión, 2003, p. 87.

[3] No es mala idea, la tierra para quien la trabaje...

siguen muy presentes en los usos contemporáneos de la noción de cultura.

La Ilustración europea puso a prueba la hipótesis de que la cultura tenía el poder de cultivarnos. Junto con la ciencia y la razón, formaban una triada con la capacidad de liberar a la humanidad de la oscuridad de épocas anteriores. En el texto que marcó el inicio de la Ilustración, el filósofo alemán Immanuel Kant afirmaba:

> La Ilustración es la salida del hombre de su minoría de edad. Él mismo es culpable de ella. La minoría de edad reside en la incapacidad de servirse de su propio entendimiento, sin la dirección de otro. Uno mismo es culpable de esta minoría de edad cuando la causa de ella no se encuentra en un defecto del entendimiento, sino en la falta de decisión y valor para servirse de él sin la guía de otro. *Sapere aude!* ¡Ten el valor de servirte de tu propio entendimiento! Ese es el lema de la Ilustración.[4]

En este texto, se establece claramente la visión teleológica que impregnaría toda la Ilustración y, por tanto, la modernidad europea. Los seres humanos debían emanciparse de su infancia por medio del poder de la razón, la ciencia y la cultura. La razón representaba un estado superior al de los sentimientos y las emociones. La ciencia, con su capacidad demostrativa, se erigía como un poderoso antídoto contra la superstición y el predominio de la fe. De esta manera, los europeos se liberaron de los poderes feudales y del poder de la religión y, al mismo tiempo, inauguraron el espacio de definición de un nuevo marco de subjetividad: el sujeto racional e independiente (que se presuponía blanco y varón).[5] Una clase social emergente, la burguesía, haría

---

[4] Emmanuel Kant, *Filosofía de la historia*, La Plata, Terramar Ediciones, 2004, p. 33.

[5] Sobre esto es interesante leer a Pérez Orozco, *Subversión feminista de la economía*, Madrid, Traficantes de Sueños, 2014; o Ana

suyas estas ideas y valores, y con todo ello fue forjando una noción muy específica de cultura. Como describe con claridad Terry Eagleton, «desde las profundidades de la ignorante autocracia del último feudalismo, pudo proyectarse la visión de un orden universal de sujetos humanos libres, iguales y autónomos que no obedecían más leyes que las que se daban a sí mismos. Es esta esfera pública burguesa la que romperá de modo tajante con los privilegios y el particularismo del *Ancien Régime*, e instalará a la clase media, si no de hecho, al menos en términos imaginarios, como un sujeto verdaderamente universal, compensando además su impotencia política con la grandiosidad de este sueño».[6] Este sujeto solo tenía dos herramientas para hacerse a sí mismo, la cultura y la experiencia estética.

Esta concepción burguesa de la cultura fue mutando hacia finales del siglo xviii, con la irrupción del romanticismo y el idealismo alemán. Se produjo un cambio sustancial en el concepto cuando Alemania toma prestado el término francés *cultur* y lo transforma en *kultur*, para pasar a usarlo como «sinónimo de civilización. Primero, en el sentido abstracto de un proceso general de conversión en «civilizado» o «cultivado»; segundo, en el sentido que los historiadores de la Ilustración ya habían establecido para civilización [...] como una descripción del proceso secular del desarrollo humano».[7] Con esto, la noción de cultura se fue alineando con una visión ilustrada de mejora o avance. La cultura implicaba e integraba el valor del progreso. Mejor tener cultura que no tenerla. Mejor el sujeto cultivado

Bosch, Cristina Carrasco Bengoa y Elena Grau, «La ley de dependencia y el mito del "Homo Economicus"», *Revista de Economía Crítica*, núm. 1 (5), pp. 105-107, 2021.

[6] Terry Eagleton, *La estética como ideología*, Madrid, Editorial Trotta, 2006, p. 72.

[7] Raymond Williams, *Palabras clave: un vocabulario de la cultura y la sociedad*, Buenos Aires, Nueva Visión, 2003, p. 8.

que el salvaje. Mejor cultura que barbarie. Este giro en el concepto refleja también una transformación en la forma en que se concibe y se valora la cultura, que se va vinculando cada vez más a una idea de progreso y civilización. Con ello, introduce también una jerarquía cultural que establece una distinción entre quienes se consideran cultos y quienes se consideran salvajes o bárbaros.

De este modo fue consolidándose la noción burguesa de cultura, una lenta gestación que la dejó impregnada de unos valores que cumplían la función de distinguir a la burguesía de, por un lado, la aristocracia, pero por otro también de un pueblo considerado vulgar. Este proceso lo ha relatado con claridad Arnold Hauser, sociólogo de la cultura, que en su *Historia social de la literatura y el arte*, escribe cómo «en el siglo XVIII, cuando la burguesía consigue el poder económico, social y político, se disuelve de nuevo el arte representativo cortesano, que había conseguido mientras tanto ascender a una validez general, y deja luego que el gusto burgués domine ilimitadamente». El arte cortesano reflejaba a menudo los ideales de la nobleza y estaba destinado a destacar el prestigio y el poder del monarca o de la familia real. Con frecuencia, los artistas cortesanos trabajaban bajo el patrocinio directo de la corte, dedicados a la creación de obras que celebraban la grandeza y la sofisticación de la vida cortesana. Esta tradición fue perdiendo importancia para dar lugar a nuevos lenguajes y nuevos motivos artísticos, de los que, entre los ejemplos más notables, se encuentra el retrato pictórico.[8] Este gusto burgués lo fue impregnando todo, pero de forma más específica, sirvió para moldear la propia noción de cultura. Como afirma Hauser, «al terminar el

---

[8] Escribe Arnold Hauser que «en el Salón de 1704 se exponen doscientos retratos, frente a los cincuenta de 1699». Ver Arnold Hauser, *Historia social de la literatura y el arte II: Desde el Rococó hasta la época del cine*, Barcelona, DeBolsillo, 2021, p. 21

siglo no hay en Europa sino un arte burgués, que es el decisivo».[9] Así, desde el siglo XVIII hasta la actualidad se fue fraguando una idea muy específica de cultura, de cuyos valores e imaginarios es difícil escapar. Hoy, cuando decimos cultura, realmente estamos hablando de cultura burguesa.

La clase social se reproduce de forma material e inmaterial. El creciente poder de la burguesía se basaba tanto en su capacidad para modelar y consolidar los mercados e intercambios económicos como para definir los gustos y estéticas que suponían la distinción entre unas clases y otras. En ese sentido, la burguesía no se convirtió únicamente en el principal agente comercial sino que «se apoderó paulatinamente de todos los medios de cultura; no solo escribía libros, sino que los leía también, y no solo pintaba los cuadros sino que también los adquiría».[10] Una de las características de la cultura burguesa es su énfasis en tres corrientes estéticas que vamos a ir desgranando a lo largo de este libro y que Hauser resume como el individualismo, el subjetivismo y el emotivismo. Estas tres corrientes se harían cada vez más evidentes durante el romanticismo y se consolidarían con las vanguardias artísticas de principios del siglo XX. Serían también tres elementos definitorios del sujeto de dicha cultura: el individuo burgués que, a través de su individualidad, sensibilidad y gusto, debía distinguirse de otros grupos sociales. Tres regímenes estéticos que, por tanto, contribuyeron a poner en primer plano las necesidades, gustos y preferencias del sujeto individualizado, replegando sobre sí misma a la persona y distanciándola del grueso social.

Bajo el marco de la cultura burguesa, las tradiciones y formas de cultura más comunitarias se pusieron en entredicho y empezaron a considerarse ejemplos

---

[9] Ibídem, p. 10.
[10] Ibídem, p. 18.

atávicos que obstaculizaban el progreso de la cultura moderna.[11] La cultura burguesa, por tanto, dejó de poner énfasis en lo común para incidir en lo particular: en las emociones, los intereses y los rasgos psicológicos que podían diferenciar a los sujetos burgueses de la aristocracia y del pueblo común. Se va definiendo así una estética y un gusto que ha llegado hasta nuestros días. Escribe Hauser:

> Lo mismo que el individualismo, también el emocionalismo sirve a la burguesía sobre todo como medio de expresión de su independencia espiritual con respecto de la aristocracia. Se encarecen y se acentúan los sentimientos no porque repentinamente se hayan sentido más fuertes e íntimos, sino que están autosugeridos y exagerados porque representan una actitud opuesta a la actitud aristocrática. El burgués, tanto tiempo despreciado, se mira en el espejo de su propia vida espiritual y se encuentra más importante cuanto más en serio toma sus sentimientos, sus humores y sus emociones.[12]

Cuando un grupo social concreto se hace con la hegemonía, es decir, logra que la mayoría de obras artísticas, novelas, canciones u obras de teatro, expresen sus preocupaciones o intereses, niega, obviamente, la posibilidad de que podamos tener acceso a lo que sienten y piensan otros grupos sociales. A través de ese proceso, las personas empezamos a percibir y pensar el mundo desde perspectivas muy específicas, que normalmente validan y reproducen los valores e intereses de dicha clase social hegemónica. La lucha por la hegemonía es una lucha por imponer las visiones e intereses propios. Así, cuando una clase social que necesita distinguirse

---

[11] Sobre esto ha escrito prolíficamente el historiador E. P. Thompson, ver *Costumbres en común*, Madrid, Capitán Swing, 2019.

[12] Arnold Hauser, *Historia social de la literatura...*, p. 71.

de las demás apuesta por centrar sus imaginarios en el sujeto individual (que debe diferenciarse de las clases populares o de la aristocracia), genera relatos, imaginarios y artefactos culturales en los que el agente central de la acción es el individuo.

El romanticismo, el primer movimiento cultural surgido de la burguesía, deseaba dar voz a las primeras generaciones de personas que empezaban a dejar atrás una sociedad feudal y a vérselas con lo que significaba una sociedad organizada bajo los principios de la racionalidad, la productividad y la organización burocrática. Con ese deseo, buscó en la emoción y los sentimientos un lenguaje y un espacio que se escapaba de la racionalización científica y de los nuevos valores comerciales que empezaban a prosperar por doquier. Estas dos tendencias, el individualismo y el emotivismo, dieron lugar a un tipo de estéticas basadas en lo subjetivo: centradas en dar valor a la voz interior y dando tanta importancia a lo que uno podía saber cómo a lo que debía sentir.

Cultura y cultivo

En el marco de esta idea burguesa de cultura el individuo llegaba a convertirse en sujeto de pleno derecho gracias a su propio cultivo, pues se entendía que la persona era una materia prima que debía ser cultivada para su desarrollo y adaptación a la sociedad. Cultivarse —tener cultura— se consideraba un avance en el proceso de civilización. Estas ideas estuvieron muy presentes tanto en la Ilustración como en la revolución burguesa que le siguió y, como venimos repitiendo, siguen presentes en nuestros imaginarios y usos de la noción de cultura.

La idea de cultura que comenzaba a perfilarse presuponía, a su vez, una idea clara del sujeto de esta cultura. Como señala Terry Eagleton en su libro *La estética como ideología*, los debates sobre el papel del arte y la categoría de lo estético están intrínsecamente vinculados a los empeños de la clase media por hacerse con la hegemonía política. La «construcción de la noción moderna del arte y el artefacto estético no pueden separarse de la construcción de las formas ideológicas dominantes de la sociedad de clases moderna y de una nueva forma de subjetividad humana apropiada para ese orden social».[13] En ese marco, el sujeto ideal de la cultura es el sujeto burgués moderno que lucha por la hegemonía frente a los poderes feudales y una aristocracia decadente. Como ha explicado el filósofo ecuato-mexicano Bolívar Echevarría, la «aristocracia del espíritu» que los intelectuales radicales de la burguesía ilustrada en Alemania habían opuesto a la aristocracia de sangre cambia el elemento de contraste cuando su propia clase, como agente modernizador, deja de necesitar la justificación que le prestaba la nobleza y pasa a justificarse a sí misma en virtud de su capacidad de crear los Estados nacionales modernos.[14] La capacidad de «tener cultura» se convierte así en un elemento crucial de distinción en las luchas contra los poderes feudales y las formas de vida premodernas.

Es importante señalar aquí que para que esta noción de cultura tenga sentido primero debe presuponerse que el ser humano tiene una cosa llamada espíritu que puede y debe ser cultivada para alcanzar la mejor expresión de sí misma.[15] Esta noción es central para el proyecto

---

[13] Terry Eagleton, *La estética como ideología*, Madrid, Editorial Trotta, 2006, p. 53.

[14] Bolívar Echeverría, *Definición de cultura*, Ciudad de México, Fondo de Cultura Económica, 2010, p. 30.

[15] En su libro *Inventing the Individual: The Origins of Western Liberalism*, Larry Siedentrop analiza con precisión y desde una

moderno europeo, desarrollado en torno a esta perspectiva de la ilustración como un proceso de emancipación del sujeto de los yugos y lastres que les imponían la religión y los gobiernos feudales y totalitarios. «La idea de cultura en el discurso moderno —nos recuerda Bolívar Echevarría— se construye en torno a la convicción inamovible pero contradictoria de que hay una sustancia "espiritual" vacía de contenidos o cualidades que, sin regir la vida humana ni la plenitud abigarrada de sus determinaciones, es sin embargo la prueba distintiva de su "humanidad"».[16] Para devenir humanos debemos trascender los instintos, el cuerpo, la materia, y cultivar el espíritu. Así, la noción de cultura como cultivo implica, pues, un proyecto autotélico de construcción del ser, una visión idealista que exige dejar atrás unos condicionantes materiales que nos entorpecen en el proceso de devenir humano. La misma noción de "humano" entraña ya un cierto desplazamiento, cierto progreso: de animal a persona, de primitivo a moderno, de inculto a culto, de la barbarie a la civilización.[17]

Este importante desplazamiento es la culminación de un largo proceso de individualización, es decir, en este curso nace el sujeto que se considera dueño de sí mismo, independiente del medio y del contexto, libre de ataduras materiales, y que gracias a sus propios medios y al acceso a la cultura puede producir su subjetividad. Un sujeto libre que es capaz de forjar su espíritu y de modernizarlo gracias al contacto con esta

---

perspectiva liberal lo importante que es la idea del espíritu para la creación del individuo en la historia de Occidente. Ver Larry Siedentop, *Inventing The Individual: The Origins of Western Liberalism*, Londres, Penguin Books, 2015.

[16] Bolívar Echeverría, *Definición de cultura*, Ciudad de México, Fondo de Cultura Económica, 2010, p. 26.

[17] Sobre la definición de humano que conlleva el proyecto ilustrado moderno europeo recomiendo leer Rosi Braidotti, *The Posthuman*, Londres, Polity Press, 2013.

sustancia incierta denominada cultura. Y a partir de estas operaciones y desplazamientos semánticos es como
se va edificando la visión idealista de la cultura que
predomina en la actualidad: la cultura es la herramienta de la que disponemos los humanos para perfilar la
idea de lo que queremos ser, lamentablemente también
es el conjunto de aspiraciones, anhelos y deseos que
otros han definido anteriormente para nosotros en tanto adecuados y correctos.

Empacho de luces: la cultura como colonia

El sujeto ilustrado, en su proyecto de emanciparse de
la opresión de la Iglesia y los poderes totalitarios, se
autootorgó también un mandato cruel: llevar la cultura
a todos los territorios del mundo. Después de coloni-
zarse a sí mismo, el sujeto europeo emprendió un proceso de colonización general. El espíritu ilustrado —civilizado— moderno debía exportarse e imponerse en
toda una serie de territorios que, a ojos de este sujeto,
carecían de cultura: los pueblos y territorios considerados premodernos, las tierras por civilizar. Los europeos sentían que tenían una misión: civilizarse primero
e imponer después su idea de progreso, razón, ciencia
y, por supuesto, cultura al resto del mundo. Así surgieron las tres herramientas fundamentales que la Ilustración utilizaría para difundir la luz: la razón, la estética
y la crítica, los tres modos de pensamiento modernos
por excelencia.[18] De esta manera, se justificaba la colonización del mundo no europeo. A cambio de riquezas
y recursos, los europeos llevaban consigo la cultura y
su poder civilizador: la razón y la capacidad crítica.

---

[18] Esta cuestión la he explorado con más espacio y detenimiento en
J. Rowan, «Erótica, vínculos e interdependencia. Diseños de cuidado», *INMATERIAL. Diseño, Arte y Sociedad*, núm. 5(9), 2020, pp.
41-60, disponible en https://doi.org/10.46516/inmaterial.v5.81.

Hay quienes, desde posiciones reaccionarias o cercanas a la extrema derecha, consideran que aquel fue un trato justo, pues a cambio de las enfermedades, masacres y expolios indiscriminados que se extendieron por los territorios colonizados, los considerados «salvajes» fueron liberados de su «salvajismo» por medio de una generosa dosis de cultura. Los debates en torno a las secuelas de los diferentes regímenes coloniales, así como a su posible reparación siguen abiertos, y son muchas las voces que nos invitan a reflexionar sobre los efectos perniciosos que tuvo la Ilustración. De forma notable, autores como Ramón Gosfroguel —que junto a Enrique Dussel, Walter Mignolo o Aníbal Quijano formó parte del colectivo Modernidad/Colonialidad—, sostienen que existe un vínculo estructural entre la modernidad y el colonialismo europeo.[19] Este grupo trabaja en el análisis de las formas en las que la cultura impuesta durante el periodo colonial sigue moldeando y afectando las formas de sentir y pensar, por lo que llaman a descolonizar tanto la sociedad como la idea de cultura que se resiste a desaparecer de los imaginarios colectivos. También Silvia Rivera Cusicanqui ha incidido en la necesidad de salir del legado epistémico que nos han impuesto los regímenes coloniales, en su caso recuperando palabras y cosmovisiones de tradiciones culturales andinas que se sitúan más allá de los binarismos, dicotomías y categorías de conocimiento que nacieron al calor de la Ilustración europea. Su apuesta por trabajar en nociones como lo *ch'ixi* —una palabra aymara que emplea como metáfora de los solapamientos de elementos contrarios que en realidad habitan aquello que tiene una apariencia homogénea— son una buena prueba de ello.[20]

---

[19] Ver R. Grosfroguel, *De la sociología de la descolonización al nuevo antiimperialismo decolonial*, Madrid, Akal, 2022; o W. D. Mignolo, *The Darker Side of Western Modernity*, Durham, Duke University Press, 2011; o E. Dussel, *Filosofías del sur. Descolonización y transmodernidad*, Madrid, Akal, 2022.

[20] Silvia Rivera Cusicanqui, *Un mundo ch'ixi es posible: ensayos desde un presente en crisis*, Buenos Aires, Tinta Limón, 2018.

Como hemos mencionado anteriormente, el cultivo y la colonización están estrechamente relacionados. La cultura, vista como un medio de progreso, tenía el poder de civilizar a los sujetos colonizados, por medio de la imposición de las estéticas adecuadas. Se colonizaban las tierras y las mentes de las personas al mismo tiempo, y ambos procesos con igual violencia: el cultivo mediante la fuerza física y el cultivo mediante ideas, imágenes, imaginarios y aspiraciones. Por muy buenas intenciones que, supuestamente, pudieran aducirse tras la idea de modernizar el mundo, lo central es recordar que los sujetos sometidos nunca pidieron ser cultivados, ni colonizados ni civilizados. La lucha por descolonizar tanto los sistemas productivos y extractivistas que trajo consigo el proyecto colonial como los modelos de subjetividad en los que estos se basan es una tarea ardua y llena de contradicciones.

Esta idea de cultura como civilización tuvo también un impacto importante. Modeló disciplinas como la primera antropología, que contemplaba a los pueblos no europeos como a unos salvajes con respecto a los cuales los civilizados antropólogos, con su arsenal de herramientas interpretativas, representaban una posición opuesta. Por ejemplo, el fundador de la antropología cultural, Edward Burnett Tylor, consideraba que todas las sociedades pasan por tres estadios evolutivos: empiezan siendo salvajes, pasan después a ser bárbaros y culminan como sujetos civilizados. De esta forma, introducía un principio evolutivo que le permitía clasificar en una jerarquía ascendente a las diferentes sociedades humanas y donde las sociedades salvajes estaban, claramente, en la base de una pirámide que obligatoriamente culminaba en la civilización europea. Así, para autores como Tylor, la cultura británica sería el ideal en el que debían mirarse todas las civilizaciones si querían ser dignas de ese nombre. Y esta visión perdura, en gran medida, en el inconsciente cultural británico.

Donde hay sombras, a veces también hay luces. Tylor, además de promulgar el eurocentrismo, contribuyó a reformular la idea contemporánea de cultura con su libro *Cultura primitiva*, publicado en 1871, donde describe la cultura —o la civilización— como «ese todo complejo que incluye conocimientos, creencias, arte, moral, ley, costumbre, y otras capacidades y hábitos adquiridos por el hombre como miembro de una sociedad» dejando, con ello, una de las definiciones de cultura más citadas en la disciplina antropológica.[21] Desde ese momento, la idea de cultura empieza a comprender no solo lo simbólico o las ideas que uno pueda tener, sino que incorpora también los artefactos concretos que contienen o en los que se materializan dichas ideas. Así, la arqueología empieza a hablar de «cultura material» para definir los rastros materiales, herramientas, ropas, tecnologías, instrumentos religiosos, utensilios de cocina, etcétera que han dejado tras de sí las diferentes civilizaciones y que nos dan importantes pistas sobre su comportamiento.

Materialismo cultural. Hacia una perspectiva ecológica de la cultura

La idea de que existe un espíritu que podemos ir moldeando o cultivando a nuestro antojo gracias al contacto con obras de carácter cultural es ciertamente sospechosa. Está al servicio de la creencia de que existe un yo que es posible moldear, un yo que podemos cincelar según nuestras ambiciones y deseos y que, de alguna forma, tenemos que preservar de la acción moldeadora de los demás. Esta creencia tiene expresiones diferentes

---

[21] Edward B. Tylor, «La ciencia de la cultura» en *El concepto de cultura: textos fundamentales,* edición de J. S. Kahn, Barcelona, Anagrama, 1975, p. 29.

pero complementarias en la serie de preocupaciones o anhelos que atraviesan todo el espectro político de derecha a izquierda.

Desde la derecha y desde el pensamiento liberal, se manifiesta como una sospecha hacia la cultura pública o de Estado, por su capacidad para condicionar y articular imaginarios específicos y formas determinadas de hacerse cargo de la realidad. Marc Fumaroli recogió perfectamente esta idea en su libro *El Estado cultural*, originalmente publicado en 1991, en el que denunciaba que el socialismo francés, al hacerse con el poder en el país, había creado una potente red de centros y espacios culturales —que estuvo capitaneada por André Malraux— que, según Fumaroli, tenían un marcado sesgo ideológico y estaban al servicio de la reproducción ideológica.[22] El hecho de que, en la actualidad, entre las primeras acciones emprendidas por el partido de extrema derecha español Vox, al llegar a diferentes puestos políticos de responsabilidad en distintas administraciones locales, haya estado la de cerrar y prohibir actividades culturales, se puede leer en esta línea de sospecha hacia el poder de la cultura.[23] Desde algunos sectores de la izquierda, por su parte, se cree absolutamente en esta capacidad de transformación de la cultura. Esa posición entraña sus propios sesgos, en tanto implica cierto sentido de superioridad moral. En todo caso, ambas posturas parten de la premisa de que

---

[22] Marc Fumaroli, *El Estado cultural: ensayo sobre una religión moderna*, Acantilado, 2007.

[23] Ver noticias como «El Ayuntamiento de Zaragoza cumple el deseo de Vox y cancela la programación cultural del espacio Etopía», *El diario*, 10 de febrero de 2024; «PP y Vox cancelan una obra de teatro en Toledo porque los actores "aparecen en ropa interior"», *HuffPost*, 19 de diciembre de 2023; «Vox cancela la suscripción de cinco revistas en catalán en Borriana», *Cadena Ser*, 12 de julio de 2023; o «Varios autores y artistas denuncian cancelaciones en ayuntamientos de PP y Vox tras el 28M», *Newtral*, 6 de julio de 2023.

existe un sujeto que es libre de elegir cómo emanciparse a través de sus preferencias culturales y que, al mismo tiempo, puede ser víctima de las mismas.

Se trata de una noción liberal del sujeto, que se concibe como un ser autónomo y desvinculado del mundo y que debe elegir tanto los elementos culturales que le forjan como aquellos de los que debe distanciarse. Frente a esta visión idealista y liberal de cultura, se hace necesario ir definiendo una idea de cultura de corte materialista que nos permita ver cómo los elementos estructurales, los sistemas de poder y ejes de opresión, los vínculos y los objetos materiales afectan y coproducen nuestras subjetividades: una cultura materialista capaz de engarzar esos bellos ideales burgueses e ilustrados en aquellas tramas sociales y económicas que las determinan.

Precisamente con el objetivo de destacar el trasfondo político de la noción de cultura en el siglo XX, el analista cultural Raymond Williams aportó un enfoque materialista propio. Williams añadió una categoría sumamente importante al conjunto de interpretaciones ya mencionado para comprender la noción de cultura. Inspirado en Marx, señala que la cultura puede ser entendida como un conjunto de «estructuras de sentimiento»,[24] es decir, como una articulación colectiva de formas de sentir, de la dimensión afectiva que condiciona nuestra relación con un fenómeno o suceso particular. Con ello, la cultura pasa de concebirse como un medio de autoproducción personal humana a convertirse en un elemento de articulación colectiva e interpersonal: un conjunto de objetos y prácticas que construyen subjetividades colectivas y formas de comprender y relacionarse con fenómenos, objetos o procesos externos.

---

[24] No existe en español una traducción consensuada de la expresión *structures of feeling*, que en algunos casos se ha trasladado como «estructuras de sentir», «estructuras de sentimiento» o «estructuras del sentir». Aquí he optado por usar la formulación «estructuras de sentimiento».

Como señalan Diego Parejo Pérez e Iván Alvarado Castro: «Lo que nos va a decir la estructura del sentimiento es que hay elementos compartidos y una cultura en común que se genera en Gran Bretaña en un momento determinado, frente a otros que no, que se viven y negocian de manera diferente. Algunos de ellos tienen que ver con la clase social, otros con la edad o el género, y algunos son emergentes y dejan ver nuevas formas de complejidad social frente a otros que son residuales y van desapareciendo poco a poco».[25] Lo que hacen las «estructuras de sentimiento» es sacar la noción de cultura de los individuos y convertirla en un elemento fundamental para comprender los procesos de reproducción social. La cultura ya no se concibe como un proceso de refinamiento individual, sino como un conjunto de imaginarios y sensibilidades que configuran la mentalidad de clases sociales específicas. Desde esta perspectiva, la cultura deja de ser algo ajeno a lo que hay que acceder para refinarse, y se define, en cambio, como una cosa ordinaria que se practica y se habita cada día.

Lo que Williams trata de hacer con la articulación de este concepto es describir un conjunto de relaciones dinámicas entre la experiencia, la conciencia, el lenguaje, el arte, los símbolos, las instituciones y las tradiciones que han definido una subjetividad determinada que marca y refuerza a un grupo o clase social particular. La cultura habita los cuerpos, gestos y sentimientos de las personas. Nos proporciona un conjunto coherente de formas de comprender la realidad desde lo afectivo y lo estético, al tiempo que ayuda a situar a los sujetos en estratos sociales concretos. Produce artefactos e

---

[25] Ver Diego Parejo Pérez y Iván Alvarado Castro, «Los usos de la teoría cultural: Raymond Williams en la coyuntura», *El Salto*, 19 de octubre de 2021, disponible en https://www.elsaltodiario. com/el-rumor-de-las-multitudes/los-usos-de-la-teoria-cultural-raymond-williams-en-la-coyuntura

imaginarios que condicionan y marcan las vidas de las personas. La cultura asienta valores que se traducen y cristalizan en instituciones que determinan nuestra vida social y nuestros marcos de actuación.

En lugar de la idea de cultura autotélica heredada de la burguesía, lo que Williams nos recuerda es que es colectivamente —gracias, precisamente, a estas estructuras de sentimiento— como aprendemos a lidiar con una realidad cambiante y a comprender nuestro lugar en ella. Y, por esta razón, aquellos que sean capaces de definirlas, darles forma y contenido, o imponer su estructura sobre las estructuras de sentimiento de los demás, tendrán la capacidad de moldear el comportamiento de las personas. La cultura no es idealista, es un conjunto material de relaciones, símbolos y estructuras de sentimiento que marcan y definen el espacio social, que determinan cómo las personas interpretamos y nos resignamos a aceptar la realidad que nos rodea. La cultura genera ciertas hegemonías, es decir, formas privilegiadas de interpretar y relacionarse con los fenómenos con los que nos enfrentamos.

Williams introduce así, en el concepto de cultura, la noción de hegemonía que Gramsci había postulado algunos años antes. Frente al relativismo, nos insta a adoptar una perspectiva crítica hacia estas estructuras de sentimiento que articulan nuestra experiencia colectiva. La acción cultural implica poner de manifiesto y no reproducir aquellas estructuras de sentimiento que perpetúen formas de opresión, desigualdad, machismo o injusticia. No resulta, por tanto, sorprendente que el sujeto liberal —ese que, como hemos dicho, busca su propio progreso a través de la culturización y la emancipación de los condicionantes materiales o políticos— tenga temor a este lado oscuro de la cultura. El poder emancipador de la cultura oculta su poder subyugante. Si la cultura puede brindarnos libertad, también tiene el poder de colonizar nuestros pensamientos y limitar nuestra capacidad de ser al insertarnos en una serie de estructuras de sentimiento y visiones compartidas del mundo. Y eso supone un límite para la idea de sujeto liberal e independiente de su entorno que solo se debe a sí mismo.

Esta cultura que es material produce estructuras de sentimiento pero también deja rastros y objetos a su paso. La arqueóloga especializada en estudios de género e identidad, Almudena Hernando, ha subrayado la importancia que entraña la «cultura material» para entender el comportamiento humano. «Comprendí que el estudio de la cultura material, en el que se especializa la arqueología como disciplina, proporciona un instrumento particularmente interesante para abordar el estudio de una sociedad cuando se desea huir de las apariencias, porque dirige la mirada a lo que la gente hace y no, como en el caso de la historia, a lo que ha decidido contar de sí misma», explica.[26] Asimismo, se reconoce que los objetos, instrumentos y tecnologías que diseñamos desempeñan un papel importante en la determinación y configuración de nuestras conductas. Como argumenta con solvencia Anne-Marie Willis, los objetos tienen una dimensión ontológica que a veces tendemos a ignorar. Construir un puente en un lugar determinado no habilita únicamente un paso, también da pie a una nueva frontera, a que se acumulen personas en torno a este, a que prosperen quienes se pueden mover con facilidad frente a las poblaciones que tienen que hacer largos recorridos para cruzar un río. La materia condiciona y determina las vidas humanas.[27]

---

[26] Almudena Hernando, *La fantasía de la individualidad: sobre la construcción sociohistórica del sujeto moderno*, Madrid, Traficantes de Sueños, 2018, p. 26.

[27] Anne-Marie Willis, «Ontological Designing», *Design Philosophy Papers*, núm., 4 (2), 2006, pp. 69–92, disponible en https://doi.org/10.2752/144871306X13966268131514.

Estas culturas materiales incorporan valores, imaginarios y anhelos, y los plasman materialmente. Sin embargo, aceptar la agencia de esa materialidad plantea un desafío para la cultura burguesa y para su concepción del sujeto libre que decide cómo convertirse en sujeto cultural. Al asumir la agencia que tienen los objetos, técnicas y tecnologías en la producción y definición de la subjetividad humana, empieza a ponerse en cuestión la idea de la cultura como proceso de autocultivo. Si se desplaza al ser humano y su agencia del centro de toda acción y se pone en evidencia que, muchas veces, existen condiciones materiales y sociales que nos determinan y condicionan tanto o más que nuestras elecciones, empezamos a ver los límites que tiene esa idea de la cultura como la herramienta que usamos para producirnos. O, por lo menos, se revela que esa producción no se produce de una forma lineal ni siguiendo una lógica de causa efecto. Nuestra personalidad está marcada por cosas que decidimos, pero también por multitud de cosas que no son objeto de nuestra elección. Si bien es verdad que podemos mostrar preferencias por un grupo de música sobre otro, nuestros gustos vendrán prefigurados por elementos ajenos a nosotros. Por lo general nadie elige a sus padres biológicos, la clase social o el país en el que nace, el idioma en el que aprenderá a socializarse, el sistema económico en el que crecerá, el tipo de educación que recibirá o las personas con las que se irá topando a lo largo de sus años formativos. Todos estos elementos van más allá de la cultura; y también condicionan y determinan las personas que acabamos siendo. Todo esto pone en entredicho la noción humanista de la persona que posee plena agencia en su propia definición y desarrollo. El idealismo choca de frente con los límites y constricciones materiales.

Si la perspectiva idealista considera que el sujeto es dueño de sí mismo y capaz de moldear su subjetividad a través del acceso a la cultura, una visión materialista debería poner en relación al sujeto con su contexto sociohistórico específico. Es decir, debería saber entrelazar los ideales, anhelos o valores personales con los condicionantes materiales, relaciones de poder, ejes de discriminación, modos de producción o marcos institucionales que dan forma a nuestras vidas. Es central, para ello, romper con la fractura estética que nos lleva a disociar la cultura de otros ámbitos como lo político o lo social. Es clave, en ese sentido, desdibujar los lindes artificiales que separan al sujeto de las comunidades que habita y romper con las miradas individualizantes para entender cómo las prácticas culturales responden y acontecen siempre en contextos determinados. Esto nos lleva a poner la atención en las relaciones de poder, las condiciones económicas y las limitaciones materiales que determinan dichos contextos. Nuestros intereses y preferencias están estrechamente vinculados al contexto socio-cultural en el que nos criamos, a las condiciones ambientales en las que nos desarrollamos y a las formas de desigualdad que surcan y condicionan las sociedades en las que vivimos.

Al abrir espacio a las culturas materiales, se abre, pues, un debate sobre la ontología del sujeto que pone en crisis la concepción ilustrada de la persona como un recipiente material del espíritu que puede y debe ser cultivado en un proyecto de refinamiento y desarrollo personal. Lo que se plantea, en cambio, es una discusión sobre el poder y la agencia que pueden ejercer los condicionantes materiales en la creación del sujeto humano.

En consecuencia, de esa concepción de la cultura como un proceso autotélico se pasa a entenderla como un proceso más complejo, en el cual el sujeto, muchas veces a su pesar, es moldeado y determinado por condicionantes de naturaleza material. El sujeto ya no es simplemente el resultado de un proceso de refinamiento cultural, sino que surge en la encrucijada de elementos estructurales, leyes, modelos económicos, tecnologías, sistemas de regulación social, entidades punitivas, instituciones y un largo etcétera de elementos de naturaleza material que distan de lo que tradicionalmente se denomina cultura o prácticas culturales.

Teniendo en cuenta esta realidad me gustaría proponer una discusión sobre lo que implicaría pasar de la visión idealista y liberal de la cultura a otra materialista y de corte ecológico, capaz de tramar y articular las ideas con los cuerpos, los imaginarios con las acciones, la cultura y la economía. Para ello, es importante señalar la diferencia que existe entre el ecologismo entendido como movimiento social y práctica política que promueve la protección del medio ambiente y la conservación de los recursos naturales, y el pensamiento ecológico, que es el pensamiento que trata de integrar a los sujetos en los contextos tanto sociales como naturales en los que acontece su vida. Desde esta perspectiva, la ecología sería la herramienta de la que podemos dotarnos para integrar lo simbólico en las tramas materiales: lo personal en lo social, la vida en las tramas de producción y sistemas económicos que la sostienen, la cultura en las prácticas sociales, económicas y simbólicas con las que damos sentido y desafiamos las convenciones del mundo.

Desde una perspectiva no-humanista o neo-materialista de la cultura, es necesario considerar tanto las aspiraciones del sujeto para cultivarse a sí mismo como los elementos determinantes y los testimonios materiales de este proceso de cultivo. Desde ahí, dejaríamos de entender la cultura como un ejercicio de refinamiento del alma basado únicamente en ideas elevadas, para contemplarla como un proceso más complejo y enredado en el cual las ideas, objetos y elementos abstractos de naturaleza estructural contribuyen a que este cultivo tenga lugar. A lo largo de los siguientes capítulos,

vamos a entrelazar la cultura con objetos, leyes y tecnologías a fin de presentar una visión materialista de
la cultura que pueda poner límites a las visiones más
idealistas de ese sujeto libre capaz de guiarse únicamente por sus ideas y anhelos. Esta interconexión de
ideas, materiales y agencias es lo que posteriormente
denominaremos una visión ecológica de la cultura.

Poner fin a la cultura

Estamos, por tanto, en el momento de preguntarnos,
¿ha llegado la hora de desechar en su totalidad la noción de cultura que hemos heredado? ¿Cómo podemos
hacernos cargo colectivamente de esta cosa llamada
cultura? Vivimos en un momento histórico en el que
se ha cuestionado el legado de la Ilustración, que se
ha puesto en crisis el valor verdad de la objetividad, el
patriarcado y los valores sobre los que se sustenta, el
legado colonial y la visión única del mundo, las ideas
de civilización, progreso y desarrollo, ¿estamos en condiciones de deshacernos también de la noción burguesa, liberal e idealista de cultura sobre la que se sustenta
nuestro sistema educativo, nuestras políticas culturales, nuestras grandes instituciones y parte de los saberes que comprenden las artes y las humanidades?

En esta coyuntura, como vengo exponiendo en este
texto, considero que es importante impugnar tanto las
visiones más idealistas de la cultura como la noción de
sujeto sobre las que se sostienen. Si partimos de la idea
de que la cultura es una sustancia incierta que sirve
para cultivar nuestros espíritus, estaremos validando
instituciones y permitiendo que se desarrollen modelos de política cultural que siguen apoyándose en la
idea de que tenemos un espíritu y que el contacto con
la cultura lo puede refinar. Seguiremos pensando que

la cultura es sinónimo de progreso, sosteniendo que lo que las personas necesitamos es la libertad individual para prosperar y perfeccionarnos.

Es importante entender que no hay vida cultural que no esté atravesada por relaciones de poder, debates políticos, condiciones materiales y marcos legislativos. En ese sentido, es importante reintegrar la cultura en el mundo, desalojándola de sus instituciones especializadas y nichos de interés, y vinculándola profundamente con lo social, lo laboral y lo medioambiental. Debemos retornar a una cultura/mundo en la que lo estético no pueda separarse de lo político, lo biológico o lo simbólico. Una cultura entendida como una ecología compleja de prácticas con la capacidad de tensionar las normas y los sentidos comunes. Vamos a dedicar el resto de este libro a tantear cómo esto podría hacerse.

3. Sobre la controvertida relación entre cultura y educación*

En el campo de la cultura, se generan los prototipos morales del ideal de ciudadano propio de cada época.

Germán Labrador, *Culpables por la literatura*.

El Preámbulo de nuestra Constitución plantea como meta final alcanzar una «sociedad democrática avanzada», más allá de garantizar la participación de todos los ciudadanos, implica perseguir el objetivo cualitativo de hacer posible que esa participación sea más plena, más idónea, de forma especial mediante el reforzamiento de las garantías jurídicas de las instituciones que inciden en la formación y el desarrollo de la personalidad de los ciudadanos.

Prieto de Pedro, *Cultura, culturas y Constitución*.

La cultura es tortura, no nos vamos a engañar.

Kortatu, *La cultura*.

Hay algunas ideas que están tan arraigadas en nuestros imaginarios y en nuestras vidas que resulta difícil pensar que las cosas podrían ser de otra manera. Ideas

* Una versión previa de este capítulo salió publicada como Jaron Rowan, «Cultura, civilización y progreso: sobre el legado de las políticas culturales de la Transición española», *Revista Anales*, núm. 60, 2021, pp. 43-55, disponible en https://doi.org/10.18537/auc.60.05.

que parecen tan evidentes que se naturalizan, se transforman en un lugar común. Ya nos hemos detenido a
considerar cómo surge la noción burguesa de cultura
y cómo llegó a valorarse como el elemento civilizatorio imprescindible para educar y civilizar tanto a los
ciudadanos europeos, como a «los otros» no europeos.
Desde esta perspectiva, la idea de que el acceso a la
cultura, como a la educación, es algo bueno para las
personas se da por sentada. Parece tan claro que es
un elemento imprescindible para dar forma a nuestro espíritu y hacernos sujetos de pleno derecho, que
el derecho de acceso a esta cosa denominada cultura
está recogido en diferentes constituciones del mundo.[1]
Nadie cuestiona que todas las personas deberíamos tener acceso a la cultura y que la cultura, como ya hemos
visto anteriormente, es el camino que nos conduce a
la civilización.[2] Así, la cultura adquiere esta capacidad
formadora, nos educa para el progreso. Acceder a la
cultura es una vía de acceso garantizada a un futuro
mejor. Cultura, educación y porvenir.

En ocasiones es bueno hacer un ejercicio de extraña-
miento y preguntarnos cómo surgió esta idea tan natu-
ralizada. Cómo ha llegado a imponerse esta triada en

---

[1] En capítulos posteriores nos centraremos en cómo se refleja esta
idea en diferentes marcos constitucionales y jurídicos.

[2] Es importante destacar cómo la noción de acceso a la cultura
se ha transformado notablemente desde principios del siglo XXI.
Hasta entonces tenía una orientación patrimonialista, es decir,
se establecía qué objetos o bienes culturales eran beneficiosos
o importantes y las políticas públicas se ponían al servicio de
facilitar que la ciudadanía accediera a ellas. Con la Declaración
Universal sobre la Diversidad Cultural, adoptada por la UNESCO
en 2001 y con la adopción de la Convención sobre la Protección
y Promoción de la Diversidad de las Expresiones Culturales
(adoptada en 2005), la noción de acceso se abrió para incorporar
la participación de la vida cultural de las personas, al tiempo que
se multiplicaron los objetos o experiencias culturales a las que la
ciudadanía debería acceder.

nuestro imaginario social. En este capítulo trazaremos un recorrido que arranca de los debates en torno a la importancia de democratizar el acceso a la cultura y a la educación que tuvieron lugar en el siglo XIX —como reacción a las demandas de sufragio universal—, para luego prestar atención a cómo se articuló la noción de cultura como elemento de emancipación y progreso en el caso concreto de la transición democrática española. Veremos cómo los ideales ilustrados de cultura como sinónimo de progreso siguen muy vigentes en los imaginarios contemporáneos y también cómo —a través del caso español— la cultura se empieza a prescribir como una herramienta capaz de asimilar y neutralizar conflictos sociales.

Lo mejor que se ha dicho y escrito

Fue durante el siglo XIX cuando la idea de cultura empezó a asimilarse como sinónimo de educación. Uno de los máximos defensores de la democratización del acceso a la cultura —e inspirador de las políticas culturales contemporáneas— fue el controvertido ensayista, poeta e inspector escolar británico Matthew Arnold. En el conjunto de panfletos que posteriormente se editaron compilados bajo el título de *Cultura y anarquía*, planteaba la necesidad (o más bien la prescripción) de que personas de todas las clases pudieran acceder a la cultura y a la educación. Arnold es una figura importante para las políticas culturales anglosajonas y ha tenido un impacto notable en la forma en la que la cultura se ha pensado y legislado en todo el mundo. «Su influencia ha sido enorme», ha señalado John Storey, investigador en estudios culturales, pues «la perspectiva arnoldiana prácticamente organizó el modo de pensar sobre la cultura popular y la política cultural que

dominó el campo hasta finales de la década de 1950».[3]
Arnold popularizó la noción de excelencia y fijó la idea
de que para que una democracia funcionara todos sus
sujetos debían poder acceder a la educación y a la vida
cultural de la nación.

Su noción de cultura es ciertamente controvertida
y claramente reaccionaria, acotada por una definición
concisa: «La cultura es la búsqueda de nuestra perfección completa y su medio es tratar de saber, en todas
las cuestiones que más nos conciernen, lo mejor que se
ha pensado y dicho en el mundo».[4] Es importante mati-
zar que «el mundo», para Arnold, era principalmente el
Reino Unido. Para el autor, la cultura no es tan solo lo
mejor que se ha pensado y dicho, sino que también constituye «la maquinaria apropiada para llevarnos hacia la
dulzura y la luz, de modo que prevalezcan la razón y
la voluntad de Dios».[5] Curiosamente, en el pensamiento
de Arnold, la razón y la voluntad de Dios se asemejan
mucho a un determinado orden burgués representado
por las instituciones del Estado. Podemos resumir su
noción de cultura en dos palabras: orden y excelencia.

Para entender cómo se forma esta idea de cultura
hay que tener en cuenta el momento histórico en el que
escribe: su pensamiento nace como reacción a una serie
de eventos muy concretos. El más reseñable de ellos
es el hecho de que la clase trabajadora se esté organi-
zando y reclamando sus derechos, uno de los cuales
es el sufragio universal. Lo que Arnold está viendo en
ese momento es que lo que él denomina «la anarquía»
(los sujetos de clase trabajadora) presenta una amenaza
para «el orden» que personifican la aristocracia y las

---

[3] John Storey, *Teoría cultural y cultura popular*, Barcelona, Octaedro, 2022, p. 47.
[4] Matthew Arnold, *Cultura y anarquía*, Madrid, Ediciones Cátedra, 2010, p. 48.
[5] Ibídem, p. 73.

clases medias. Storey ha apuntado con acierto que «Arnold creía que el derecho al voto había dado el poder a hombres que aún no estaban educados para el poder» y, por eso, había que acercarles a la verdad, lo que se consigue a través del contacto con la cultura.[6] Es decir, había que empezar a educar a «los salvajes» para que entendieran el orden social que después habrían de anhelar. Contra los discursos y panfletos que los líderes sindicales usaban para intentar adoctrinar a las clases trabajadoras, Arnold argumenta que es necesario proporcionarles un baño de cultura. Al contrario que el adoctrinamiento político, la cultura, según Arnold, «no trata de rebajar la enseñanza al nivel de las clases inferiores; no trata de ganarlas para esta o aquella secta propia, con juicios apresurados y lemas. Trata de deshacer las clases, de que lo mejor que se haya pensado y sabido en el mundo esté disponible en cualquier parte, de que todos los hombres vivan en una atmósfera de dulzura y luz, donde puedan usar las ideas, como esa atmósfera se sirve de ellos, libremente, alimentados y no cautivos».[7] Así, contra la organización sindical, las manifestaciones culturales nacidas de los movimientos obreros y las nuevas estructuras políticas, Arnold receta una buena dosis de cultura y educación. Como señala Terry Eagleton, el concepto de cultura de Arnold «se utiliza, de forma bastante explícita, como un disolvente de la conflictividad de clase».[8] Si la cultura ya ha servido para colonizar al Otro, ¿cómo no va a servir para colonizar, pacificar y normalizar al Otro de la burguesía, es decir, a la clase trabajadora?

Como ha apuntado Storey, para Arnold «la función social de la cultura es controlar esta presencia

---

[6] Storey, *Teoría cultural y cultura popular…*, p. 43.

[7] Matthew Arnold, *Cultura y anarquía…*, p. 109.

[8] Terry Eagleton, *Materialism*, New Haven, Yale University Press, 2016, p. 120.

subversiva: las «masas [...] primitivas e incultas»».[9] El
progreso de la nación pasa por cultivar y educar a sus
sujetos. La cultura es así un remedio contra la conflictividad social que ayuda a poner orden en la anarquía.
El Estado, que debe proporcionar la cultura necesaria
para marcar la dirección, para fijar los ideales de la nación, es el tesorero y administrador de la cultura a la
que las clases populares deben tener acceso. De esta
manera «el Estado culto de Arnold debe funcionar
para controlar y limitar las aspiraciones sociales, económicas y culturales de la clase trabajadora hasta que
la clase media sea lo suficientemente culta como para
encargarse por sí misma de esta función».[10] La ecua-
ción básica de la relación cultura, Estado y clase queda
fijada y se irá solidificando con el diseño de las políticas culturales posteriores a Arnold.

Como vemos, uno de los orígenes sobre los que se
fundamenta la defensa de la democratización del acceso a la cultura es de indudable carácter reaccionario,
si bien es verdad que, como señala Williams, Arnold
«no se veía o presentaba a sí mismo como reaccionario,
sino como guardián de la excelencia y de los valores
humanos».[11] En última instancia Arnold se sentía re-
presentante del Estado británico y deseaba defender-
lo. La cultura representa para él una suerte de orden
trascendental que debía guiar a la sociedad hasta que
se consagrara un gobierno de clases medias. Esta estrategia la ha señalado de forma muy elocuente Terry Eagleton: la «cultura ya no es una cuestión para unificar a
los que gobiernan, sino que sirve para incorporar a los
gobernados».[12]

---

[9] Storey, *Teoría cultural y cultura popular...*, p. 42.

[10] Ibídem, p. 44.

[11] Raymond Williams, *Palabras clave: un vocabulario de la cultura y la sociedad*, Buenos Aires, Nueva Visión, 2003, p. 3.

[12] Terry Eagleton, *Materialism...*, p. 119

El Estado y la excelencia

El sufragio universal podía poner en crisis el orden social burgués y sus valores. La cultura ilustrada era el remedio ideal para preparar a las clases humildes y populares para ejercer su derecho al voto y, a medida que fueran accediendo a la cultura, estas personas incultas y primitivas que no entendían cuál era el interés general de la nación, se irían preparando para ejercer con capacidad el nuevo poder que habían adquirido. La cultura sería, pues, la responsable de eliminar la conciencia de clase y producir una clase media letrada e instruida capaz de votar en libertad.[13] La cultura excelente, lo mejor que se ha dicho y escrito, se concebía como la más eficaz terapia contra las ínfulas de la clase trabajadora. La cultura de Estado ayuda a disolver el conflicto y marca las pautas de cierto orden. Y esta idea reaccionaria de cultura como elemento educador sigue vigente, lo queramos o no, en nuestros imaginarios y siendo clave en gran parte de las políticas culturales contemporáneas. La noción de cultura pública tiende así a asemejarse a cierta idea de orden, de ideal. La excelencia *versus* el caos.

Los investigadores George Yúdice y Toby Miller han desarrollado un profundo análisis de la historia de las políticas culturales, es decir, del conjunto de normas, instituciones y acciones que puede asumir el Estado con tal de facilitar el acceso de las personas a lo «mejor que se ha dicho y pensado».[14] Estos autores

---

[13] Es importante mencionar que Arnold no se siente especialmente cómodo con la noción de libertad, que encuentra demasiado abstracta. Para él la libertad de expresión tiene que ver con ser partícipes de «una vida nacional en el que la gente sepa lo suficiente como para tener algo que decir». Raymond Williams, *Culture and Materialism*, Londres, Verso Books, 2005, p. 5.

[14] George Yúdice y Toby Miller, *Política cultural*, Barcelona, Gedisa, 2004.

desvelan cómo, en el marco de la acepción burguesa de la cultura, los Estados tenían la necesidad de edificarse no solo como espacios territoriales sino también como espacios simbólicos. En ese sentido, debían crear tanto las infraestructuras, aparatos y fronteras necesarios para reproducirse, como el conjunto de ciudadanos que se identificarían con dicho Estado. Así, el Estado conjuga dos tipos de leyes, las escritas y las intangibles. Las que se enseñan y las que se adquieren a través del gusto. Las que se pueden enunciar y las que se tienen que aprender. De forma elocuente, el filósofo y activista Giuseppe Mazzini, una de las figuras centrales en la unificación de la Italia moderna, escribió «hemos hecho Italia, ahora tenemos que hacer a los italianos»,[15] es decir, tras la definición territorial, había que crear una comunidad de personas que se identificaran con el país. Es importante no olvidar, por tanto, que las políticas culturales nacen con ese objetivo. La educación servía para aprender la ley escrita, los nombres de los ríos, las montañas, los monarcas y la extensión de las fronteras. En cambio, la estética debía servir para crear el espíritu de la nación, preparar a las personas para ser ciudadanas. Educación racional y sensible debían conjugarse. Ministerio de educación y cultura.

La cultura deviene paulatinamente un elemento clave para pacificar y normalizar conflictos sociales. Se empieza a perfilar una idea de gobierno a través del gusto. Los bárbaros debían identificar el gusto de la nación y adherirse a sus principios. «La fusión de gubernamentalidad y gusto», explican Yúdice y Miller, «se encuentra con una política cultural dedicada a producir sujetos mediante la formación de estilos respetables de comportamiento, sea en el plano individual o público».[16] Por ello, el Estado, a través de la cultura y

---

[15] Ibídem, p. 17.
[16] Ibídem, p. 25.

la educación, debía ir preparando a las personas para ser sujetos de Estado. Había que incorporar las disidencias, mitigar conflictos, «enseñar a la clase obrera a valorar la nación era el mejor método de evitar la querella industrial y la lucha de clases».[17] No se puede obligar a nadie a que se conmueva ante el *Guernica* de Picasso, no se nos puede coaccionar para que nos rindamos frente a *Las Meninas* de Velázquez, no se puede forzar a nadie a que se le erice el vello al escuchar el himno nacional, *Els Segadors* u *Os Pinos*. Pero cuando eso pasa, es a través de la estética que el gobierno empieza a funcionar. Nos hacemos menos persona y un poco más nación.

Las políticas culturales, como vemos, incorporan y trabajan con algunas contradicciones inherentes a la palabra cultura y que ya hemos discutido con anterioridad: es el material del que nos servimos para crear nuestra identidad, nuestra personalidad, nuestra persona, pero a la vez, es el recurso del que se valen los Estados para producir a sus sujetos, es decir, para producirnos. Desde su voluntad de moldear a sus sujetos, el Estado co-produce nuestra subjetividad, y lo hace valiéndose de la cultura excelente, de la cultura adecuada. Nos educa a través de las palabras y educa nuestra sensibilidad. En manos del Estado, educación y cultura cumplen funciones muy similares. Formar e instituir. En la Constitución española, por ejemplo, queda bien patente el vínculo entre cultura, educación y subjetividad, como bien apunta el catedrático de derecho administrativo y especialista en derecho de la cultura, Jesús Prieto de Pedro: «La implicación entre el desarrollo de la personalidad y la cultura difícilmente podría ser enunciada de forma más rotunda que lo ha hecho la Constitución española de 1978. La recoge paladinamente en relación con la educación, la institución de la

---

[17] Ibídem, p. 25.

transmisión de la cultura más importante regulada en ella».[18] Antes de entrar a palacio, los bárbaros tenemos que aprender a comportarnos.

Ya desde el romanticismo, como ha explicado Terry Eagleton, la cultura pública constituye «un tipo de pedagogía ética que nos prepara para la ciudadanía política mediante el desarrollo libre de un ideal o yo colectivo que todos llevamos dentro, un yo que encuentra su expresión suprema en la esfera del Estado».[19] La cultura de Estado normaliza, educa y nos conforma. Produce paisajes mentales compartidos. Ideales con los que nos identificamos y que nos identifican como sujetos de cierta nación, de cierto Estado. Nos quita de bárbaros. Arnold se escandalizaba porque los sindicalistas que irrumpían en Hyde Park para organizar sus mítines pisoteaban las flores, no respetaban ni la belleza ni el «orden natural». ¿Cómo se puede considerar que semejantes salvajes vayan a saber lo que tienen que votar? Arnold recoge así el testigo del romanticismo alemán y de su noción de Estado cultural y lo hace funcional. Lo enfrenta a una coyuntura muy concreta, la lucha de clases. La cultura «arnoldiana» es una receta contra la invasión del Estado por parte de los que aún no son sujetos. La cultura contra una guerra civil de valores. Esta fórmula ya se dejaba ver en la visión romántica de la cultura. Como nos recuerda Eagleton «para Schiller la cultura es el verdadero mecanismo de lo que más tarde se llamará "hegemonía", algo que conforma a los sujetos humanos a las necesidades de un nuevo tipo de gobierno, que los remodela de arriba a abajo y los vuelve dóciles, moderados, distinguidos, amantes de la paz, tolerantes y desinteresados agentes

---

[18] Jesús Prieto de Pedro, *Cultura, culturas y Constitución*, Madrid, Centro de Estudios Políticos y Constitucionales, 2013, p. 250.

[19] Terry Eagleton, *La idea de cultura: una mirada política sobre los conflictos culturales*, Barcelona, Paidós, 2011, p. 19.

de un orden político».[20] El Estado cultural produce hegemonías, produce sujetos, nos normaliza. Levanta murallas dentro del propio Estado. Las clases trabajadoras necesitan recibir una buena dosis de «dulzura y luz» antes de entrar al museo, al palacio o a su hogar.

El Estado no es un recinto hermético ni inamovible. Es un proceso social, un juego de tensiones. Las diferentes clases y los diferentes poderes se tensan en torno al control del Estado, pugnan por imponer sus intereses y hacerlos hegemónicos. La cultura desempeña un papel muy importante en este proceso: hay un Estado que tiene que producir las subjetividades de sus ciudadanos y que usará la cultura como dispositivo de inclusión. El orden democrático necesita fijar sus parámetros y sus límites, la cultura parece un buen medio para hacerlo sin tener que recurrir al uso de la violencia. Un buen recurso para normalizar, para producir consenso.

Ese proceso podemos comprobarlo bien en el caso concreto del Estado español. El debate y el cuestionamiento al que en los últimos años se ha sometido a la llamada «cultura de la transición» —nombre con el que se condensan los imaginarios y programas políticos puestos en marcha principalmente por el PSOE y por los primeros gobiernos regionales durante la transición democrática— tiene mucho que ver con esto.[21] En el momento en el que los grupos sociales excluidos, los que no tuvieron voz política durante el franquismo, se organizaron en busca de representatividad, el Estado sintió que debía producir cierto consenso cultural y se puso a diseñar el imaginario para una clase media aspiracional, para quienes buscaban una salida discreta del franquismo. El PSOE, el partido que ocupaba entonces el poder, sabía lo importante que era diseñar los

---

[20] Ibídem, p. 21.

[21] Guillem Martínez, CT o la cultura de La Transición: crítica a 35 años de cultura española, Barcelona, Debolsillo, 2012.

símbolos e imaginarios que dotaran de unidad a una
sociedad que se quería pensar y sentir moderna.[22] Una
sociedad de nuevos sujetos políticos que no descen-
dían directamente de las élites franquistas (el orden),
y que amenazaban con imponer sus ideales y valores
(la anarquía). Lo bello tiene que entrar, lo feo se tiene
que quedar fuera. «Tun tun, ¿quién es? El alacrán y el
ciempiés. Cierra la muralla».

Melodía del desclasamiento

En su libro *La cultura en transición*, la historiadora Giulia Quaggio ha analizado la reconversión de las políticas culturales franquistas en instrumentos al servicio
del PSOE para producir consenso. No sorprende, pen-
sándolo así, que «entre 1982 y 1986, el capítulo relativo
a las partidas culturales en los presupuestos estatales
creciese un 91,4 por ciento, con un incremento que era
tres veces superior a la media del resto de gastos del Estado en otras áreas».[23] El PSOE veía la cultura como un
elemento clave de su plan social e hizo lo posible por
producir una cultura pública que fuera capaz de transmitir su idea de socialdemocracia. A la vez, era una herramienta poderosa para producir los nuevos sujetos
demócratas que habrían de validar este proyecto.

Al gobierno socialista le interesaba modernizar el
país. Educarlo. Sacarlo de su ignorancia y de su pasado. Y el correlato de este deseo en el diseño de sus políticas culturales fue una gran apuesta por la cultura
«moderna» con lo que, paradójicamente, se abrazaba

---

[22] Eduardo Subirats, *Deconstrucciones hispánicas*, Madrid, EDAF,
2014.

[23] Giulia Quaggio, *La cultura en Transición: reconciliación y política
cultural en España, 1976-1986*, Madrid, Alianza Editorial, 2014, p.
287.

acríticamente la posmodernidad. Libertad y modernidad. Así empezaba una carrera frenética por dejar el franquismo atrás. No se saldaron cuentas. Se aprovechó la escasa infraestructura cultural existente y se puso al servicio de la construcción de una España cultural moderna y acrítica. Había muchos conflictos que apaciguar. Muchas disidencias que integrar. No se cortó con el pasado, la transición sirvió simplemente para pisar el acelerador. Así, algunos procesos iniciados durante el franquismo tendrían su continuidad y espacio para crecer. El analista cultural Germán Labrador ha hecho hincapié en esta idea señalando que «si la apuesta social de la dictadura franquista, en la década de los sesenta, tenía por objeto la creación de una sociedad de clases medias progresivamente incorporadas al consumo, veinte años después tal proyecto se incardina naturalmente en el lenguaje modernizador del PSOE, como parte de una más amplia transición hacia el capitalismo global».[24] El gobierno socialista va dibujando una nueva hoja de ruta. Sus políticas culturales están al servicio de la producción de estos imaginarios cambiantes. Como señala Quaggio, «en la medida en que el objetivo del socialismo español ya no era tanto la igualdad económica y social entre los ciudadanos como la libertad, la política cultural asumió en paralelo una función "liberadora y redistributiva"».[25] La cultura pública dibuja una España moderna y libre. Una España que aspira a la clase media. Una sociedad de propietarios que miran hacia un presente moderno y acelerado. La muralla se cierra a la sociedad de clases y se abre al neoliberalismo. España se hace, así, europea.

El investigador y activista Emmanuel Rodriguez ha profundizado en esta idea en su libro *La política en el ocaso*

---

[24] Germán Labrador, *Culpables por la literatura. Imaginación política y contracultura en la Transición española (1968-1986)*, Madrid, Akal, 2017, p. 67.

[25] Giulia Quaggio, *La cultura en Transición...*, p. 311.

de la clase media, donde señala que «la sociedad española no es muy distinta de la del resto de países occidentales. Es lo que se llama una sociedad de clases medias. Al emplear este término se alude a algo más que al hecho de que la mitad o más de sus miembros pertenezca —real o imaginariamente— al "estrato social medio", ya sea en términos de renta, consumo o estatus».[26] La clave de este argumento está en el «real o imaginariamente»: todo lo que no puede hacer la economía, tendrá que hacerlo la cultura. Rodríguez continúa señalando que «para que la ficción de una sociedad de clases medias resulte eficaz se requiere, no obstante, de algo más que ideología».[27] El suplemento material a la ideología viene claramente producido desde el «ámbito de la cultura».

La cultura pública tiene un gran papel que desempeñar en esta función, recogiendo el legado de Arnold, en el Estado español hubo un momento en que parecía necesario crear una ciudadanía moderna y desclasada. Coincidiendo con Quaggio, la investigadora en políticas culturales, Jazmín Beirak también ha apuntado que «la cultura fue una prioridad para el gobierno socialista. Felipe González, en su discurso de investidura de 1982, señaló que la cultura y la educación eran claves en la labor del gobierno para alcanzar una "democratización avanzada"».[28] El proyecto político socialista recogía una voluntad de democratización y proponía dar un paso adelante, olvidarse del pasado franquista para adentrarse en un presente moderno y libre de conflictos. La construcción de esta imagen de una España moderna necesitaba de especialistas en diseñar y crear imaginarios, y el arte contemporáneo, el diseño,

---

[26] Emmanuel Rodríguez, *La política en el ocaso de la clase media: el ciclo 15M-Podemos,* Madrid, Traficantes de Sueños, 2016, p. 35.

[27] Ibídem, p. 148.

[28] Jazmín Beirak, «Política cultural y arte contemporáneo: el Centro Nacional de Exposiciones», *Art Nsición, Tra Nsición,* editado por Juan Albarrán Diego, Madrid, *Brumaria,* 2018.

el cine, etcétera, parecían buenos aliados en esta tarea. El museo, como lugar central en la construcción de los imaginarios que articulan y sustentan una nación fue el ejemplo más claro de una densa red de instituciones culturales públicas que empezaron a construirse en la década de 1980 y proliferaron en la de 1990 y los primeros dosmil. Como nos recuerda Beirak, «la inversión en infraestructuras culturales fue también una de las políticas más ambiciosas durante los años socialistas. Si bien en una primera fase el objetivo fue dotarse de infraestructuras "básicas" como auditorios, bibliotecas, teatros o centros culturales, pronto la creación de una red de museos se volvió una prioridad».[29]

No es casualidad que el pelotazo especulativo urbanístico que vivimos durante aquellos años discurriera en paralelo a un crecimiento sin precedentes del número de instituciones culturales que se crearon por todo el territorio. Durante casi treinta años un político podía cruzar el país de punta a punta sin pisar el suelo inaugurando centros culturales. Toda ciudad y capital de provincia que se preciara reivindicaba su institución cultural de referencia. Son los marcadores de progreso que demuestran que no solo nos sentimos modernos, sino que, además, podemos permitirnos serlo. Todo el territorio vio aparecer en mayor o menor medida estos grandes proyectos, firmados por arquitectos de renombre y llamados a situar a la ciudad o a la región de turno en el nuevo mapa de la España moderna que se estaba dibujando. Así se asentaban las bases que articulaban una narrativa transicional hegemónica. España se educa, España se moderniza gracias a la cultura. Los bárbaros se civilizan, la anarquía da paso a la cultura.

Las nuevas élites políticas necesitaban legitimidad cultural, las incipientes clases culturales estaban necesitadas de legitimación pública, el pastel era

---

[29] Ibídem.

demasiado jugoso como para no repartírselo o para dejarlo escapar. Las palmadas en la espalda rápidamente se transformaron en intercambios de favores y en la creación de redes clientelares. Las élites del Estado, como ha señalado Emmanuel Rodríguez, «reproducen su posición por medio de una validación continua que tiene tanto forma "institucional", como "cultural". Por eso es importante reconocer el papel protagonista que tienen determinados actores (periodistas, intelectuales, representantes de la cultura), que más allá de la crítica superficial, refuerzan una y otra vez la unidad de esa "forma" de las élites, al tiempo que se confirman como parte de las mismas».[30] La institucionalidad cultural pública, acompañó y auspició este proceso de forma acrítica, validando carreras y biografías, generando relatos e imaginarios destinados a dejar el pasado atrás y a enfocarnos en el futuro al que teníamos que subirnos. Y mientras unos pocos miopes continuaban insistiendo en que el problema era de subjetividad —azotando a los modernos y «gafapastas»—, se iba consolidando una red de instituciones, fundaciones y empresas que lavaban su imagen y generaban un imaginario cultural muy preciso. La crisis económica de 2008 vendría a truncar muchos de estos sueños de riqueza y a su vez se llevó por delante este crecimiento exponencial de institucionalidad cultural pública. No obstante, el gran relato estaba ya bien asentado: el progreso implicaba dejar atrás el antagonismo de clases y auparse a la clase media imaginada y su promesa de prosperidad.

Podríamos caer en el error de creer que esta idea de la modernización del país impulsada por la creciente clase media fue un proyecto imaginado y gestado por el socialismo de la década de 1980, pero la idea de una España mesocrática cuyo destino era modernizarse estaba ya bien presente en los imaginarios sociales

---

[30] Emmanuel Rodríguez, *La política en el ocaso...* p. 141.

del último franquismo. El historiador Pablo Sánchez León, defensor de esta hipótesis, ha explicado la forma en que se nos ha normalizado «la idea de sentido común de que España se modernizó "a pesar de Franco". Con esta expresión se viene a indicar en esencia que la sociedad española experimentó cambios profundos durante el periodo de la dictadura, pero que estos no fueron ni impelidos ni menos aún controlados por las autoridades franquistas».[31] La expresión, según el autor, esconde una imagen teleológica de la modernización de un país que, de forma inevitable, había de terminar siendo moderno. De esta forma, el sujeto que se moderniza lo que hace es, de alguna forma, combatir el legado franquista, material o moralmente.

Lo que aquí podemos comprobar es cómo se va articulando un imaginario de modernización como emancipación política, en el que las clases medias se vuelven su principal motor. El acceso a la educación democratiza a las nuevas élites, que luego se pensarán validadas por la meritocracia. El desarrollismo vino a verificar esta idea. Como explica Sánchez León: «El imaginario sociológico de la dictadura tenía por centro un discurso sobre las clases medias. Herencia de la cultura del liberalismo anterior a la Guerra Civil, dicho imaginario experimentó también una evolución en la dictadura, convirtiéndose en preciado objeto de reflexión, no solo normativa sino también histórica, hasta desembocar en una novedosa identificación de la clase media con el conjunto de la sociedad, con el sujeto legítimo de una sociedad desarrollada».[32] La clase media era la cumbre de un sujeto liberal que reivindicaba nuevos derechos, como el derecho

---

[31] Pablo Sánchez León, «Desclasamiento y desencanto. La representación de las clases medias como eje de una relectura generacional de la Transición española», *Kamchatka. Revista de Análisis Cultural*, núm. 0 (4), 2014, pp. 63-99, disponible en https://doi.org/10.7203/kam.4.4145.

[32] Ibídem, p. 80.

a la propiedad que, tan fuerte en el caso de la vivienda, ha arraigado profundamente en el imaginario nacional. Modernidad, progreso, propiedad, democracia, meso-cracia… dieron forma a ese imaginario. La clase media era el bárbaro que se pensó civilizado.

La cultura de Estado, la cultura pública, ha tenido por tanto un papel muy importante en la transición, un papel privilegiado cuando se ha tratado de arrai-gar subjetividades que encajaran y respondieran a las necesidades del Estado democrático en el que España se proyectaba. Esa institucionalización cultural ha pro-ducido daños colaterales: las culturas barriales, mar-ginales, proletarias y políticas tardarían mucho en ser redimidas y aceptadas por la institución.[33] En este me-canismo, los pasotas, los quinquis y demás, se queda-ron a las puertas de la cultura oficial, cediendo el paso al joven moderno —o posmoderno— de clase media aspiracional. La separación de los asuntos «económi-cos» con respecto de los asuntos «culturales» ha incidi-do también particularmente en este problema.

En España, la cultura de Estado ha devenido, así, una efectiva máquina de reproducción de imaginarios y marcos aspiracionales. Nos ha educado para ser ciu-dadanos modernos, para asimilar los valores de una clase media imaginada a la que, hasta la crisis econó-mica de 2008, gran parte de los españoles sentía que pertenecía. Siguiendo al pie de la letra la partitura «ar-noldiana», la cultura de Estado ha hecho por diluir los imaginarios de clase, por evitar el conflicto y normali-zar un discurso progresista y mesocrático.

El acceso a la educación y el acceso masivo a la universidad se vendieron enmarcados en unos cantos de sirena que prometían bienestar y desclasamiento.

---

[33] Hasta el año 2009 no se reconocería la importancia de la figura del quinqui, recogida en la exposición del CCB, *Quinquis de los 80. Cine, prensa y calle*, 25 de mayo – 6 de septiembre de 2009.

Prometían la entrada en una senda de progreso económico y social. En realidad, no tenemos muchas pruebas de que este progreso —por mucho que haya funcionado en el nivel simbólico— haya acontecido verdaderamente en un nivel material. La España moderna se ha edificado sobre trabajos mal remunerados, promesas de ascenso social y el habitual pelotazo inmobiliario.

Si bien las instituciones culturales han llegado, finalmente, a exhibir y dar cuenta de las prácticas culturales más marginales, *underground* o desclasadas, en ningún caso han contribuido a generar las condiciones para que los sujetos que las producían pudieran prosperar y sostenerse económicamente. En ese sentido, la distancia que existe entre la visibilidad institucional y la vida económica de muchos creadores es notable. La distancia entre las condiciones materiales de quienes regentan las fundaciones y patronatos de las instituciones y los creadores de contenidos culturales lo es todavía más. En ese sentido, no podemos hablar de un problema de precariedad sino de injusticia y de reproducción social de clase. Ningún artista de entre los que ha reconocido en público su condición de precario ha logrado dar cuenta del carácter estructural del problema. En ese sentido, no sería imprudente considerar que, sin la capacidad de instituir, de imaginar y sostener nuevas instituciones, de crear espacios de legitimación propios, la cultura pública va a seguir haciendo lo que mejor sabe hacer: absorber la conflictividad y transformarla en contenidos, perpetuar imaginarios de prosperidad, reproducirse a sí misma. La noción de cultura entendida como una fuente de educación y progreso se sustenta sobre un entramado político, económico e institucional concreto y, por lo tanto, sobre las hegemonías y mecanismos de reproducción social que los vertebran. La complicidad entre la cultura y los imaginarios aspiracionales que esta ayuda a producir es incuestionable.

4. Cultura, natura y malestar

> Deberíamos abandonar la tentación de concebir la natu-
> raleza como sumisa, manipulable, asimilable a alguna
> «materia prima» sobre la que seríamos libres de imponer
> cualquier forma de organización que elijamos.
>
> Isabelle Stengers, *Cosmopolitics I.*

> Las metáforas de la conquista y el dominio son la justifi-
> cación clásica del imperialismo durante esa fase expansi-
> va y dan forma a toda la ética interna de un capitalismo
> en expansión: dominar la naturaleza, conquistarla, des-
> plazarla para hacer con ella lo que uno quiera.
>
> Raymond Williams, *Socialismo y ecología.* [1]

Como hemos planteado en las páginas anteriores, uno
de los problemas de la cultura burguesa radica en su
necesidad de diferenciarse y deslindarse de otros ámbitos de la vida y de la sociedad, en su empeño en participar de una fractura estética para que tengamos la
percepción de que la cultura no es social, no es política, no es territorio, no es materia, no es algo ordinario.

---

[1] Raymond Williams, *Resources of Hope. Culture, Democracy, Socia-
lism,* Londres, Verso Books, 1989. Traducido en https://contrael-
diluvio.es/socialismo-y-ecologia-raymond-williams/

Uno de los grandes sesgos que esta noción de cultura ha contribuido a reforzar es la segregación de una cosa llamada «cultura» de otra cosa llamada «naturaleza», donde si hay algo que caracteriza a lo cultural es, precisamente, no ser natural. La cultura, como hemos visto anteriormente, sería el cultivo, la transformación y colonización de la naturaleza (ya sea humana o no). Este sesgo nos ha dejado importantes consecuencias políticas y sociales que a continuación abordaremos para intentar entender cuáles son los valores e intereses políticos que esconden esa escisión cultura/naturaleza y cómo todo ello se ha puesto al servicio del proyecto de civilizar o normalizar a aquellos que aparentemente carecían de cultura.

Cultura sobre natura

En 1620, Francis Bacon, uno de los más destacados exponentes del pensamiento moderno, publicó su obra más importante, el *Novum Organum*. El libro presentaba la ciencia como una herramienta que iba a permitir al ser humano dominar la naturaleza. El «nuevo órgano» al que hace referencia el título es la razón, que se acompaña de herramientas como la lógica, la experimentación y la observación científica. Según Bacon, este juego de herramientas nos permite destilar el conocimiento y desentrañar las lógicas ocultas de la naturaleza. Con esto, Bacon sentó las bases de lo que posteriormente se conocería como método científico experimental o empirismo, que defiende la importancia de adquirir un conocimiento de las leyes generales del comportamiento de la naturaleza basado en la experiencia para, de este modo, poder dominarla.[2] La

---

[2] Para una crítica afro-feminista a la visión de naturaleza de Bacon recomiendo leer Minna Salami, *Sensuous Knowledge: A Black Feminist Approach for Everyone*, Londres, Zed Books, 2020.

cultura se convierte, en este desplazamiento, en un medio para controlar la naturaleza.[3]

No sorprende que los orígenes del pensamiento moderno europeo se basen en una clara dicotomía entre la cultura y la naturaleza, el orden y el caos, la ciencia controlada y la naturaleza salvaje. El pensamiento moderno se fundamenta en la idea de que conocer equivale a dominar. El conocimiento se convierte así en sinónimo de control. La naturaleza, que se ve como algo salvaje y, por ende, peligroso, debe ser sometida a dominación. Y para ello lo que se busca es revelar sus secretos. Autoras feministas como Carolyn Merchant o Silvia Federici han señalado que Bacon, además de ser un hombre de ciencia, participó activamente en la supresión violenta de las formas de conocimiento distintas a la que él defendía, entre ellas una serie de saberes esotéricos tradicionales que no encajaban con el recién establecido método científico y que en gran medida estaban en manos de las mujeres, es decir, los saberes de las brujas.[4] No son pocos los textos feministas que han estudiado con atención cómo para asegurar el poder de los hombres sobre el cuerpo de las mujeres, estas tuvieron que ser desposeídas de sus conocimientos. Así, curanderas, magas, mujeres sabias o simplemente mujeres que sabían preparar remedios tradicionales fueron categorizadas como brujas, con esto deslegitimadas socialmente, cuando no en muchas ocasiones físicamente aniquiladas. Esto favoreció la aparición de la medicina contemporánea, que durante varios siglos estuvo exclusivamente en manos de hombres.

---

[3] Para una genealogía exhaustiva de la idea de racionalidad como control ver Val Plumwood, *Feminism and the Mastery of Nature*, Londres, Routledge, 1993.

[4] C. Merchant, «The Scientific Revolution and The Death of Nature», *Isis*, núm. 97(3), pp. 513-533; Silvia Federici, *Calibán y la bruja*, Madrid, Traficantes de Sueños, 2010.

Para Bacon, pues, el conocimiento y la dominación debían ser racionalizados, seccionados en porciones gestionables, abarcables y comprensibles. Todo debía ser interpretado de manera lógica y constatable en un laboratorio. La naturaleza, salvaje y sin domesticar, debía ser dominada y explicada. Esta dicotomía entre cultura y naturaleza fue una de las divisiones epistémicas más arraigadas del pensamiento moderno y ha dejado una profunda influencia en nuestra forma de entender —histórica y actualmente— la relación entre las personas y el mundo en el que habitamos. No obstante, ya desde finales del siglo XX, esta división empezó a verse cuestionada y desacreditada desde numerosos ámbitos científicos y académicos. A pesar de que dicha dicotomía persiste hoy sin duda en el imaginario popular, en nuestras conversaciones y en nuestra forma de abordar la realidad, lo cierto es que la escisión moderna entre cultura y naturaleza no parece ya ser operativa para un mundo marcado por la complejidad y la interdependencia de diferentes esferas y realidades. Autoras como Karen Barad, que han analizado el problema desde la perspectiva de la física cuántica, han señalado que la dualidad cultura/naturaleza se vuelve cada vez más dudosa a medida que nos acercamos a las partículas elementales. Lo que descubrimos allí es que la materia y el sentido se combinan de manera aleatoria y son realidades indivisibles. Barad sostiene que la física cuántica nos ha permitido comprobar que materia y sentido se entrelazan constantemente y que la información está siempre inscrita en soportes materiales. Esto plantea un desafío para las dicotomías tradicionales entre lo humano y lo no humano, lo material y lo discursivo. Para Barad, la realidad se constituye precisamente a través de la interacción entre entidades materiales y prácticas discursivas, en lo que ella denomina formas de «intra-acción». En este marco, la realidad no es preexistente ni está determinada por estructuras fijas, sino que surge en las relaciones dinámicas entre los elementos materiales y discursivos que la configuran, desafiando así las concepciones dualistas de la realidad y permitiendo una comprensión más compleja y relacional de esta.[5]

También la zoóloga, filósofa y especialista en estudios de ciencia y tecnología Donna Haraway ha señalado que todos nuestros análisis de los fenómenos naturales están siempre impregnados de sesgos culturales, y que detrás de la división establecida entre naturaleza y cultura subyace todo un complejo mundo de fenómenos, descripciones y relaciones de poder.[6] Por su parte, la filósofa de la ciencia Isabelle Stengers ha abogado en numerosas ocasiones por establecer una «cosmopolítica» capaz de reconciliar los intereses de los seres humanos y no humanos, disipando esa frontera imaginaria que hemos establecido entre naturaleza y cultura.[7] También el historiador de la ciencia Bruno Latour contribuyó significativamente a explicar cómo y por qué llegaron a separarse los campos de las ciencias naturales y sociales, y cómo se construyó históricamente la noción de naturaleza en contraposición a la idea de cultura como ámbitos separados de conocimiento y acción.[8]

A pesar de todo, la idea de que existe una cosa llamada «natura» que es ostensiblemente peor que una cosa llamada «cultura» sigue impregnando nuestros imaginarios y los valores con los que operamos en el mundo. Y no es menos cierto que gran parte de los discursos

5 Karen Barad, *Meeting the Universe Halfway: Quantum Physics and the Entanglement of Matter and Meaning*, Durham (NC), Duke University Press, 2007.

6 Donna J. Haraway, *Ciencia, cyborgs y mujeres. La reinvención de la naturaleza*, Madrid, Cátedra, 1995.

7 Isabelle Stengers, *Cosmopolitics I*, Minneapolis, University of Minnesota Press, 2010.

8 Bruno Latour, *Nunca fuimos modernos: Ensayo de antropología simétrica*, Madrid, Siglo XXI, 1986.

contemporáneos occidentales en torno a la cultura siguen necesitando poner frente a sí a ese «otro» salvaje
que haga contraste con el refinamiento y la bondad que
defienden como propios de la cultura. Seguimos necesitando a aquellos «bárbaros» que pisoteaban las flores
de Hyde Park para validar y justificar los beneficios de
lo que se considera cultural. Es innegable, en ese sentido, que la cultura sigue constituyendo al mismo tiempo
un elemento de distinción —como ya demostró sobra-
damente el sociólogo Pierre Bourdieu[9]— y un elemento
de normalización social, como hemos argumentado en
el capítulo anterior. La cultura sigue siendo una herramienta al servicio de erradicar la naturaleza interior, una
promesa de tener una vida mejor.

Cultura y civilización

Fue a lo largo de los siglos XIX y XX cuando esta dicotomía de cultura *versus* natura fue consolidándose
hasta acabar normalizándose como la forma científica
por excelencia de interpretar la realidad. Fue así como
aquella forma de justificar el distinto valor de las formas de vida propias de la burguesía, terminó aceptán-
dose como una herramienta válida para describir el
funcionamiento social.

Como hemos visto, nuestra noción moderna de
cultura conlleva implícitamente una idea de progreso, desarrollo y avance, y entraña también un afán de
conquista de la naturaleza, la domesticación de una
realidad salvaje que, gracias a la cultura, puede ser
controlada, domada y cultivada. Durante el siglo XX,
uno de los principales exponentes de esta polaridad
fue el controvertido padre del psicoanálisis, Sigmund

---

[9] Ver Pierre Bourdieu, *La distinción*, Madrid, Taurus, 2012.

Freud.[10] Freud profundizó en la línea que previamente había trazado el antropólogo Edward Burnett Tylor,
que consideraba que la cultura representaba un camino
de progreso por el cual todas las sociedades del mundo
habían de transitar tarde o temprano. Según Tylor, las
sociedades humanas evolucionarían desde estados salvajes hacia estados avanzados por medio de un proceso civilizatorio impulsado por la cultura. Se delineó así
un gradiente que va desde lo más salvaje a lo más civilizado, desde lo más primitivo a lo más avanzado, desde la naturaleza hacia la cultura. Durante la modernidad, el pensamiento en general y autores como Freud,
en particular, no hicieron más que reforzar una idea
que ya existía previamente en el imaginario cultural
europeo, con el fin de otorgarle validación científica.
De este modo antropólogos, psicólogos e historiadores
pudieron encontrar en el mundo no europeo las pruebas que demostraban y justificaban científicamente sus
prejuicios de clase; es decir, que las clases populares y
sus tradiciones atávicas representaban un paso evolutivo inferior a la burguesía y a su refinada cultura.[11]

En cualquier caso, esta dualidad entre naturaleza
y cultura ha estado presente ya desde la época de la
cultura clásica. Platón sostenía que los trabajadores
y esclavos lo eran en parte debido a su incapacidad

---

[10] Freud es hoy, ciertamente, una figura disputada. Por un lado,
no hay duda de que, más de un siglo después, causa rubor leer
algunas de sus obras y más transcribir o citar parte de ellas. Son
muchas las críticas e interpretaciones poco favorables que se han
hecho de las ideas y la obra de Freud. Aun con ello, el impacto
de su pensamiento en nuestra cultura ha sido tan notable, y sigue siéndolo incluso en la actualidad, que ignorar su referencia
nos privaría de la posibilidad de entender algunas ideas que se
han perpetuado y han moldeado nuestras formas de entender y
relacionarnos con el mundo.

[11] La distinción entre cultura popular y Cultura con mayúsculas
sigue articulando este prejuicio.

para controlar su parte animal, su naturaleza interna.[12] Nietzsche, por su parte, se interesó por el pensamiento presocrático y recuperó la figura del sátiro, Dionisos, el ser natural y libidinoso por excelencia, que desempeñaba un papel fundamental en los coros de las tragedias. En su obra *El nacimiento de la tragedia*, Nietzsche afirma: «Lo que los griegos veían en el sátiro no era más que la naturaleza aún no moldeada por el conocimiento, una naturaleza cuyos cerrojos todavía no habían sido forzados por la cultura».[13] Y, ya en el cambio de siglo, autores como Tylor o Freud identificaron en el sujeto primitivo o salvaje una suerte de sátiro que vive presa de sus deseos e instintos. Un sujeto «precultural» que, si podía llegar a civilizarse, era solo gracias a la cultura y a la educación.

Durante la Ilustración, el debate en torno a esa figura del sujeto que vive fuera del influjo de la cultura fue ciertamente animado. ¿Podía existir bondad o belleza fuera de la clara luz de la razón? En este contexto surgió la figura del «buen salvaje», que vino a contraponerse al individuo racionalizado y civilizado. Esta imagen parecía redimir, en parte, al sujeto que vive «en natura», pese a que, discursivamente, en realidad contribuía a ahondar y acrecentar la división cultura-natura. A su vez, esta dicotomía se magnificó y acentuó durante la modernidad con la creación de unas categorías designadas como ciencias naturales, que estaban dedicadas a analizar y comprender la naturaleza, y otras designadas como ciencias sociales o humanas, orientadas a comprender todo lo que es resultado de

---

[12] En su libro *La condición humana*, la filósofa Hanna Arendt profundizó en este debate, explorando cómo ha condicionado esta dicotomía el pensamiento europeo. Arendt, *The Human Condition*, Chicago, The University of Chicago Press, 2018.

[13] Friedrich Nietzsche, *Obras Completas I. El nacimiento de la Tragedia. El caminante y su sombra. La ciencia jovial*, Madrid, Gredos Editorial, 2014, p. 60.

la cultura.[14] Esto produjo una escisión epistémica entre ambas categorías que dio lugar a la formación de unas disciplinas de conocimiento cada vez más distanciadas entre sí durante todo el siglo XX. Así se construye en los discursos científicos la figura del «salvaje», elemento que resultaría central en la antropología de principios y mediados del siglo XX. Encarna al sujeto que se encuentra en un estado de natura mientras que el europeo, gracias a su cultura, ya estaría plenamente civilizado. En ese sentido, se consolida una mirada colonial que contemplaría a los países no europeos como una suerte de lugares asilvestrados, en estado de naturaleza, que podrían redimirse gracias al poder de las luces y la razón europeas.

La hipótesis de Freud

La fascinación de Freud por estas sociedades «primitivas» con las que trabajaban los antropólogos puede apreciarse ya desde algunas de sus obras más tempranas. El padre del psicoanálisis, que ve en las comunidades no europeas una suerte de estadio poco avanzado de nuestra psique, consideraba que en estos pueblos podían encontrarse los orígenes de determinados rasgos psíquicos que siguen definiendo nuestras conductas civilizadas. Se propone así indagar en estos aspectos para entender algunos de los comportamientos y mecanismos mentales que siguen perpetuándose en la actualidad. «Los pueblos llamados salvajes y semisalvajes», dice Freud, «y la vida psíquica de estos pueblos

---

[14] Bruno Latour ha ahondado en cómo gran parte de la episteme moderna se sostiene sobre la creación y uso de dicotomías y categorías que parecen distinguir ámbitos que empíricamente nos encontramos unidos. Para una reflexión profunda sobre esto ver Latour, *Nunca fuimos modernos...*

adquiere para nosotros un interés particular cuando vemos en ella una fase anterior, bien conservada, de nuestro propio desarrollo».[15] Para el psicoanálisis, la antropología sirvió como una suerte de arqueología de los humanos. Como un viaje en el tiempo que nos permitía ver cómo operan los estadios menos avanzados de la psique humana. Los estereotipos de la época se transformaron, así, en principios científicos y sustento de la diferenciación de la subjetividad burguesa: ese sujeto autotélico que es libre y dueño de sí mismo gracias al uso de la razón o de la crítica. Por el contrario, la subjetividad primitiva permanecía atada a sus instintos más primarios y sometida al yugo del pensamiento mágico.

Además de sus conocidas obras sobre la interpretación de los sueños, la distinción entre neurosis y psicosis, o sus famosos escritos sobre la histeria, Freud escribió también obras que podrían considerarse trabajos de análisis cultural. Entre ellos se encuentran *Tótem y Tabú*, escrito en 1913; *Psicología de las masas y análisis del yo*, en 1921; *El porvenir de una ilusión*, en 1927; o la que sin duda es una de sus obras más importantes en este campo, *El malestar en la cultura*, en 1930. En todos estos libros, Freud se propone entender la forma en que se manifiesta la tensión entre cultura y naturaleza en la psique humana, y el tipo de malestares que se desencadenan como resultado de la sumisión o represión de los instintos primitivos a las normas y principios culturales. Freud reflexiona sobre el papel que desempeña la cultura en el control de ámbitos como el de la libido, el deseo y la violencia, y sobre los efectos psíquicos que se generan al intentar reprimir y bloquear esas «naturas» que luchan por aflorar en nuestro interior.

En todas estas obras, escritas durante el periodo de entreguerras, se percibe en Freud una preocupación

---

[15] Sigmund Freud, *Totem y Tabú*, Madrid, Alianza Editorial, Barcelona, 1977, p.8.

y cierta fascinación por el modo en que determinados comportamientos «salvajes» que se consideraban
extintos siguen estando presentes en las sociedades
supuestamente evolucionadas. Freud se angustia al
darse cuenta de que, en determinados contextos, estos
instintos naturales reprimidos —como las tendencias
agresivas o sexuales—, pueden desatarse y volver a
manifestarse. El temor de Freud es, en el fondo, una
preocupación de clase, pues lo que teme es que los
instintos de los individuos de las clases trabajadoras
o proletarias, al liberarse, pongan en peligro el ideal
civilizatorio de la cultura burguesa de la época, que él
mismo encarna a la perfección. En la pesadilla de la
burguesía aparecen una serie de momentos en los que,
cuando se desvanecen las barreras de la cultura que imponen cierto orden social, se liberan las bestias que los
seres humanos llevamos reprimidas en algún oscuro
rincón de nuestra psique. Según este marco de pensamiento cuando surge un conflicto (por ejemplo, de clase), nuestra naturaleza reprimida no tarda en aflorar.
En situaciones extremas (conflictos bélicos, tumultos,
turbas o linchamientos), nuestra cultura civilizatoria se
disipa y la naturaleza que desde la antigüedad hemos
intentado contener se desata. El lobo, la bestia, la ma-
nada, está más cerca de la superficie de lo que parece.

Para entender esta relación entre cultura y natura,
Freud viaja a través de etnografías escritas por los antropólogos de la época. Estos trabajos presentan descripciones de sociedades humanas que se consideraba
estaban muy lejos de la civilización y en ellas Freud
detecta una serie de protoestructuras simbólicas que
apuntan hacia el origen de la cultura. La conclusión
que extrae es que el ser primitivo va abandonando su
inocencia a medida que se va dotando de normas, leyes
y hábitos que están diseñados para contener y reprimir sus excesos libidinosos y su tendencia instintiva a
la violencia. En esas normas ve Freud el origen de la

cultura: son el tótem y el tabú. Se trata de elementos que nacen fundamentalmente para evitar el incesto y la agresión en estas comunidades primitivas. «La primera fase cultural, la del totemismo, trae consigo la prohibición de elegir un objeto incestuoso, quizá la más cruenta mutilación que haya sufrido la vida amorosa del hombre en el curso de los tiempos», escribe Freud.[16] El surgimiento de la cultura brota del sacrificio de la libertad, de la represión de los instintos y los deseos humanos. La cultura pone de manifiesto estos pactos, estos límites al placer que permiten que los seres humanos vivan en comunidad. La cultura emerge de la certeza de que la vida en comunidad comporta en sí misma el conflicto, así, para Freud, la cultura previene la violencia, los excesos sexuales, la tentación de dejar de cooperar. El origen de la cultura no sería, para él, el cultivo ni la búsqueda de la excelencia, sino la norma que reprime al animal que todos tenemos dentro.

Como es de esperar, la sexualidad ocupa un lugar central en muchos de los tabúes que Freud va compilando. Resulta que recurrentemente, y a pesar de que no viven en sociedades civilizadas, los salvajes parecen tener ciertos principios, ciertos códigos de conducta. «No podemos esperar que estos miserables caníbales desnudos», dice Freud, «observen una moral sexual próxima a la nuestra o impongan a sus instintos sexuales restricciones muy severas. Sin embargo, averiguamos que se imponen la más rigurosa interdicción de las relaciones sexuales incestuosas».[17] Solo poniendo límites al deseo, los humanos pueden empezar a convivir en paz, cuidarse y ser productivos, lo que para el autor son los signos más claros de la civilización. Los «salvajes» parecen vivir una vida al albur de sus instintos.

---

[16] Sigmund Freud, *El porvenir de una ilusión* en *Obras Completas*, vol. XXI, Buenos Aires, Amorrortu Editores, 1992, p. 101.
17 Sigmund Freud, *Totem y Tabú…*, p. 9.

Son seres gobernados por deseos animales, algo que la cultura ha intentado erradicar insistentemente. Freud resume estos deseos o instintos en tres grandes categorías: el incesto, el canibalismo y el homicidio.[18]

Las sociedades humanas se habrían ido dotando de mecanismos de represión para ir eliminando sus instintos animales, minimizar los conflictos y ajustarse a la vida en sociedad. Los tabúes son las primeras estructuras culturales que ordenan y condicionan el comportamiento de los humanos primitivos: ponen límites a quién y cómo puede ser objeto de placer sexual. Estos tabúes fueron convirtiéndose paulatinamente en normas y de normas han pasado a ser leyes dictadas para que los humanos pudieran convivir con ciertas garantías de paz. Por ello, Freud no duda en afirmar que «el primer requisito cultural es el de la justicia»,[19] que sería la instancia que se encarga de que los tabúes se respeten. La justicia sería, pues, la primera gran institución social. El ser humano necesita prohibiciones para poder conducirse en su vida con normalidad y, al tiempo, solo con estas restricciones puede protegerse de la «natura» de los otros humanos, del conflicto de vivir entre ellos, de su tendencia a querer usarlos como fuente de placer o como objeto de su violencia. En caso de que estas prohibiciones se levantaran «el individuo podrá elegir como objeto sexual a cualquier mujer que encuentre de su gusto, podrá desembarazarse sin temor alguno de los rivales que se la disputen y, en general, de todos aquellos que se interpongan de algún modo en su camino, y podrá apropiarse de los bienes ajenos sin pedir siquiera permiso a sus dueños. Así, la vida parecería convertirse en una serie ininterrumpida de satisfacciones, pero en seguida tropezamos con una

---

[18] Sigmund Freud, *El malestar de la cultura* en *Obras Completas*, vol. XXI, Buenos Aires, Amorrortu Editores, 1992, p. 10.

[19] Sigmund Freud, *El porvenir de una ilusión…*, p. 110.

primera dificultad: todos los demás hombres abrigan los mismos deseos que yo, y no han de tratarme con más consideración que yo a ellos».[20] La paradoja que presenta Freud es clara: para evitar el dolor, los humanos necesitan dotarse de mecanismos de justicia, pero la justicia, con la consiguiente represión de nuestros instintos, es la misma fuente de nuestro malestar. Sin conflicto no hay cultura, pero la cultura siempre resultará conflictiva para quienes no sepan amoldarse a sus principios.

Natura contra cultura

El humano civilizado debe trabajar, debe canalizar su energía libidinosa y ponerla a producir. Frente a esta situación, nuestros antecesores se vieron obligados a limitar el tiempo que dedicamos al goce y al asueto para asegurarnos cierta productividad colectiva.[21] Los tabúes representan un principio de moralidad que estaría anclado en la cultura desde sus mismos orígenes, codificados en sus primeros relatos: los mitos, los cuentos, etcétera, están cargados de mensajes morales que sirven como definición de los comportamientos permisibles. La cultura nos enseña a comportarnos en

---

[20] Sigmund Freud, *El malestar de la cultura...*, p. 15.

[21] Es interesante observar cómo estas visiones disciplinarias de la natura/cultura siguen teniendo fuerza, cómo, en casi todas partes, los nortes siguen percibiendo a los sures como lugares de barbarie y hedonismo, en los que no se trabaja y se dedica demasiado tiempo al goce, a la fiesta y al placer. De esta forma, la noción de cultura burguesa incorpora y promueve una serie de ideales protestantes en torno a la utilidad del trabajo o de la necesidad de sacrificarse por el bien de la economía. Esta noción produce a su vez a esos «otros» que no trabajan ni tienen una cultura adecuada, ya sean indios, salvajes, gitanos, andaluces, magrebíes, etcétera.

sociedad, establece los límites de la normalidad. Estos mensajes morales se irán insertando en las obras y objetos culturales que, pese a que cada vez son más sofisticados, siguen desempeñando una función parecida a la original. Las obras culturales serían así, por defecto, artefactos morales. La cultura es la justicia que no se puede codificar. Es la ley que no se puede escribir.

Si la cultura impone tan pesados sacrificios —no solo en lo relativo a la sexualidad, sino también a las tendencias agresivas— comprenderemos mejor por qué a las personas les resulta tan difícil alcanzar su felicidad. Para Freud, la cultura sirve para imponer «un principio de realidad» a nuestro «principio de placer» instintivo. Según Freud, «el hombre primitivo estaba menos agobiado en este sentido, pues no conocía restricción alguna de sus instintos».[22] A partir de aquí, Freud desarrolla una reflexión acerca de cómo aquellos que no logran someterse al principio de realidad tienden a desarrollar neurosis. Sostiene que «el ser humano cae en la neurosis porque no logra soportar el grado de frustración impuesto por la sociedad en aras de sus ideales culturales, lo que sugiere la posibilidad de recuperar la perspectiva de la felicidad al eliminar o mitigar en gran medida estas exigencias culturales».[23] Las leyes, la justicia y las instituciones se establecen para mantener el orden social, y el malestar del individuo aparece cuando no somos capaces de adaptarnos a este régimen de normalidad. La neurosis surge como consecuencia de la represión de nuestros instintos y, paradójicamente, la cultura puede convertirse en una fábrica de neuróticos. Sin embargo, es importante destacar que, para Freud, sin represión no habría sociedad, orden, economía ni civilización.

---

[22] Sigmund Freud, *El malestar de la cultura...*, p. 567.
[23] Sigmund Freud, *El porvenir de una ilusión...*, p. 27.

El lado oscuro de la cultura burguesa es que no es solo un elemento que nos conduce al refinamiento, a estados más elevados de ser, sino que en el fondo es norma, es límite, es represión. Freud afirma: «Una de las características de nuestra evolución radica en la transformación gradual de la coerción externa en coerción interna a través de una instancia psíquica especial en el ser humano, el superyó, que integra la coerción externa en sus mandamientos».[24] La cultura ha triunfado cuando la represión, la autocensura y la contención se viven como elecciones personales y no como imposiciones externas. Cuando nos sentimos mal un día en que no vamos a trabajar. Cuando miramos con superioridad a quienes llevan una neverita a la playa o a quienes se arrancan a cantar una mañana cualquiera en un bar. En ese sentido la cultura deviene una herramienta de normalización, disciplinamiento y autogobierno. La cultura, por muy sofisticada que parezca sigue siendo una herramienta pensada para educar, civilizar y normalizar.

Natura contra Ilustración

Los trabajos de Freud constituyen, sin duda, uno de los primeros ataques importantes a la figura de ese sujeto racional nacido al calor de la Ilustración europea que era capaz de someter el mundo de la natura a su voluntad. Freud tiende una profunda sombra sobre esa figura emancipada que por medio de su conocimiento podía desprenderse de miedos, falsas creencias y fetiches. El sujeto moderno racional no está exento de dudas, contradicciones y se encuentra mucho más cerca del «salvaje» de lo que desea admitir. El hombre blanco europeo no era tan perfecto como parecía, los trabajos de Freud lo demuestran con creces. Aun reconociendo

---

[24] Sigmund Freud, *El malestar de la cultura*...

esto, también es importante recordar que el autor contribuyó a profundizar la escisión naturaleza-cultura,
al tiempo que la justificaba por medio de su presunto
rigor científico. Freud nos ha dejado así como legado
una cosmovisión eurocéntrica en la que lo cultural está
desvinculado de —y opera sobre— lo natural; es decir,
en la que se pone la naturaleza al servicio de los intereses y designios de las personas, con el efecto colateral,
como hemos visto, de desmaterializar la cultura. Por
otro lado, con esto se perpetúa el clasismo burgués que
identifica ciertas actividades, artefactos o gustos con lo
que es cultura legítima, en detrimento de los gustos o
visiones de aquellos a los que esta cosmovisión dejaba
al margen. Las culturas urbanas se siguen consideran-
do superiores a las rurales, los gustos burgueses más
refinados que los de las clases trabajadoras, las estructuras de sentimiento individualizadas mejores y más
auténticas que los sentimientos grupales.

Y pese a que Freud era un hijo de la burguesía, y
por ello mismo ha sido puesto en cuestión en numerosos ámbitos, sus ideas y las de muchos de sus coetáneos con respecto a la cultura siguen estando muy
presentes en nuestras lecturas e interpretaciones contemporáneas de lo que esta es o debería ser. En este
sentido, en medio de la crisis climática y del modelo
productivo que estamos viviendo, es importante huir
de la idea de que la cultura no puede ser natura, de que
la cultura no puede ser salvaje. Es importante rechazar
de partida esa consideración que asume que los asuntos culturales nada tienen que ver con los asuntos del
medioambiente, que los asuntos de los humanos nada
tienen que ver con las vidas de los seres no-humanos
que nos rodean, que segrega totalmente el bienestar
humano del bienestar de otros seres y especies.

En su *Manifiesto ecológico político*, una apuesta por
pensar el ecologismo como una corriente materialista
engarzada con la historia de la lucha de clases, Bruno

Latour y Nikolaj Schultz se lamentan de las divisiones
y escisiones modernas que nos impiden pensar política-
mente la ecología.[25] Una de las escisiones que consideran
urgente suturar es precisamente la que sitúa en campos
de interés y de articulación política diferentes los objetivos del ecologismo y las necesidades de la cultura. «Si
comparamos la importancia de las artes en la invención
del liberalismo o el monopolio que la izquierda ejerce
sobre la crítica de la cultura, comprobaremos en qué
medida la ecología oficial carece de esos recursos. Por
el momento, los partidos ecológicos están notoriamente
ausentes de la escena artística», declaran. Desde la ecología cuesta asumir e integrar la cultura de la misma forma que la cultura se piensa ajena a lo que pasa más allá
de sus puertas, en el mundo de la natura. Se han dado
por buenos bandos históricos que, en realidad, podrían
estar operando y trabajando de forma conjunta.

En una línea parecida, abordando el problema de la
crisis climática que nos asola, el filósofo y ecólogo Pierre
Charbonier aseguraba que es «difícil de encontrar en las
grandes producciones cinematográficas, en las platafor-
mas de distribución de contenidos, en la publicidad o
en la comunicación política dominante, la idea misma
de un mundo compartido sostenible, el cual no parece
arraigar en la conciencia colectiva».[26] El imaginario cultural burgués, que pone al ser humano por encima del
medio, que habla de la emancipación a través del consumo y de la importancia de la individualidad, ha devenido hegemónico y apenas podemos encontrar imágenes
o relatos en los que se pongan en crisis tanto una idea

---

[25] Bruno Latour y Nikolaj Schultz, *Manifiesto ecológico político.
Cómo construir una clase ecológica consciente y orgullosa de sí misma*,
Madrid, Siglo XXI, 2023.
[26] Ver Pierre Charbonier, «Encontrar lo nuevo: salir del estan-
camiento climático», *El grand continent*, 31 de octubre de 2023,
disponible en https://legrandcontinent.eu/es/2023/10/31/encon-
trar-lo-nuevo-salir-del-estancamiento-climatico/

de sujeto muy determinada como el modelo productivo que hace su vida posible. La división natura-cultura sigue operando en nuestros imaginarios colectivos.

Cuesta encontrar proyectos culturales que se hayan mostrado capaces de imaginar y dar materialidad a un modelo extractivista que sigue pensando la natura como un recurso al servicio de la vida social humana. Como argumenta Charbonnier, «sabemos que para que una realidad exista primero debe ser representada».[27] Es necesario generar espacios, favorecer dinámicas y potenciar imaginarios que sean capaces de integrar a la persona en el medio, de rearticular el mundo cultural en el mundo biológico, de pensar la clase social desde la preocupación medioambiental, de dejar de dividir el mundo entre natura y cultura. Es necesario que seamos capaces de hacer realidad proyectos como el de la ecofeminista Val Plumwood, que reivindicaba relatos liberadores en los que las «opresiones por género, raza, clase y natura, finalmente se pudieran articular».[28] Para ello, la autora nos exige salir del dualismo natura-cultura y de la idea de que los seres humanos vivimos fuera del mundo natural. En ese sentido exige relatos que sean capaces de conceder agencia a la natura, que dejen de presentar lo natural como «aquello que es pasivo, un no-agente, un no-sujeto, como el "medio" o el trasfondo invisible contra el que opera el agente principal, es decir, los logros de la cultura y la razón».[29]

Si la cultura se mantiene replegada sobre sí misma y sobre el sujeto burgués dueño de sí mismo que debe luchar individualmente para progresar, lucrarse, prosperar y civilizarse, y para devenir clase media, la natura seguirá siendo el gran otro, ese recurso infinito

---

[27] Ibídem.

[28] V. Plumwood, *Feminism and the Mastery of Nature*, Londres, Routledge, 1993, p. 1.

[29] Ibídem, p. 4

a explotar. Rompiendo el gran relato burgués, integrando cultura y natura, podemos empezar a imaginar, pensar y articular otras formas de vida y de lucha
compartidas. Podemos entender que las políticas de la
cultura también son políticas de la natura. En ese sentido la cultura no debe aspirar a ser sostenible, a mejorar
su impacto medioambiental o introducir la naturaleza
como tema. Debe dejar de perpetuar una agenda política y debe luchar por volver a ser salvaje, jovial, inci-
vilizada. Debe pelear con uñas y dientes por volver a
ser natura.

5. La gran estafa o ¿cuánto vale realmente el trabajo cultural?

Qué fácil es burlarse del artista, humillar al artista, ridiculizar al artista, disparar al artista, qué fácil, qué bien se sienten burlándose del artista, del payaso. Somos los payasos. Qué curioso, cuando las cosas se ponen feas somos los primeros en caer. Los payasos. Las cárceles están llenas de payasos.

Angélica Liddell, *El centro del mundo.*

Cuanto más se comercializa una cultura, mayor es el grado con el que la imposición de la disciplina de mercado empuja a sus productores a abrazar los valores conservadores de la prudencia, la resistencia a la innovación y el temor a producir alguna alteración. El mercado es el mejor mecanismo para conseguir que una sociedad se sienta más y más liberada, pero siga siendo profundamente reaccionaria.

Terry Eagleton, *La idea de cultura.*

Un fantasma recorre el sector cultural. Es el fantasma de un problema mal resuelto. El espectro de toda una retahíla de promesas y discursos que dibujaban al sector cultural como fuente de riqueza. Es un fantasma caduco que nos dice que la cultura, lejos de ser un derecho, es básicamente un recurso al servicio del desarrollo económico, una oportunidad de negocio.

El espectro centenario que se afana en encontrar formas de articular economía y cultura. Es, también, un
recuerdo incómodo que nos advierte que hasta el
momento nadie ha sabido diseñar ni implementar un
modelo económico para el denominado sector cultural que no implique altas tasas de explotación, precariedad y agotamiento de quienes trabajan en cultura.
Pese a las múltiples promesas, planes de promoción de
industrias culturales, discursos y planes fallidos, nuestro fantasma sigue estando muy presente. El problema
cultura-economía sigue abierto y candente.

Hay algunos otros fantasmas más que recorren
nuestras administraciones públicas. Se trata de fantasmas con cara de político progre trasnochado que, a pesar de tener a su alcance toda una abundancia de datos,
ejemplos y casos que demuestran que el modelo de las
industrias culturales es un modelo fracasado, insisten
en promover planes de emprendimiento y siguen hablando de la importancia de las industrias creativas.
Nuestros fantasmas tienen muchas caras. En ocasiones
adquieren la apariencia de un político canoso y respe-
tado que se mantiene en la esperanza de que alguien
con más luces o interés le resuelva el problema de la
precariedad endémica que azota al sector y le quite esa
incómoda carga. A veces se nos aparece con cara fresca,
gafas llamativas y una camisa de corte asimétrico. A
veces, como una mujer dinámica que nos habla del futuro de la cultura salpimentando su discurso de innovación y creatividad con mucha convicción. No es un
problema de género ni de edad. Los fantasmas son fantasmas. La falta de imaginación o de escrúpulos les lleva a adoptar una y otra vez propuestas basadas en un
modelo destinado a fracasar en su intento de valorizar
económicamente el trabajo cultural, incluso cuando ese
modelo ya no lo respaldan ni quienes fueron sus defensores más fervientes, que hoy reniegan de sus propias
palabras. Por poner un solo ejemplo, Richard Florida,

que en la primera década del siglo XXI fue consultor estrella y uno de los máximos impulsores de las llamadas clases creativas y del emprendizaje cultural, se ha retractado en público de muchas de sus ideas y ha tenido que aceptar que el paradigma que contribuyó a impulsar tiene un lado costoso y oscuro: desigualdad económica y segregación social.[1]

En este capítulo vamos a examinar cómo, a pesar de años de estudios, propuestas y políticas para normalizar el sector, determinar el valor económico del trabajo cultural sigue constituyendo un gran problema. La precariedad abunda y la competencia entre los agentes que buscan hacerse un hueco en el sector no para de crecer, dejando un panorama sembrado de carreras y sablazos para hacerse con un invisible botín. Las industrias culturales se han convertido en una máquina de expropiar talento a costa de la salud y el bienestar emocional de muchas personas. Sorprendentemente, quienes se dedican a trabajar como profesionales del sector cultural no han ofrecido grandes resistencias a un modelo que no parece convencer a nadie pero al que nadie quiere renunciar.

La irrupción de la clase media

Durante el cambio de siglo y la primera década del XXI, tras la guisa de profesionalizar el sector cultural, las administraciones públicas impulsaron diferentes medidas y planes de promoción del emprendizaje en

---

[1] Esto puede verse R. Florida, «Cities, Inequality, and Wages», *The Atlantic*, 24 de febrero de 2021. También en su libro *The New Urban Crisis: Gentrification, Housing Bubbles, Growing Inequality, and What We Can Do About It*, Londres, Oneworld Publications, 2017. En este libro asume que muchos de estos problemas los han creado, precisamente, sus propuestas.

cultura. Una de las consecuencias directas de todos estos planes fue la destrucción de parte del tejido asociativo que tradicionalmente había sostenido las acciones y actividades culturales en pueblos y ciudades de todo el territorio. Muchas de estas entidades se acabarían viendo sustituidas por empresas de nueva creación que, con una suerte bastante desigual, se planteaban como misión modernizar el sector de la cultura. Muchas de aquellas personas o colectivos vinculados al tejido cultural asociativo operaban cerca del ámbito de la dinamización sociocultural, es decir, trabajaban con unas concepciones mucho más politizadas de la cultura. En este proceso de sustitución vieron sus trabajos amenazados por una nueva hornada de gestores culturales que, recién salidos de másteres y cursos de gestión cultural, pretendían hacer una gestión «neutra» de la cultura.[2]

El proyecto de modernización y profesionalización de la cultura conllevaba a su vez un reemplazo laboral, pues los hijos de las clases media con estudios y ambiciones necesitaban volver a ocupar el espacio perdido. Las asociaciones, colectivos y entidades vecinales y comunitarias, que habían nacido durante la década de 1980 para llenar el vacío cultural campante en poblaciones y barrios, se vieron así amenazadas. Gran parte de la financiación que recibían fue dirigida a los planes de impulso de las industrias culturales, así como a los planes de promoción de emprendedores que, a partir de ese momento, debían ocupar un lugar central en el sector cultural. A nuestro particular bestiario podríamos añadir algunos espectros más recientes, surgidos en la década de 1990: los hijos de la clase media que, después de estudiar un máster en arte o en gestión cultural y haber pasado un tiempo de becarios en

---

[2] Todo este proceso lo expuse detenidamente en el libro *Emprendizajes en cultura*, Madrid, Traficantes de Sueños, 2010.

festivales o galerías de arte, albergaban la esperanza de vivir de un trabajo creativo.

En la trayectoria de estas personas también se incluye la experiencia de haber ido viendo cómo aquellos de sus compañeros que contaban con menos recursos económicos se iban quedando atrás en esa carrera que les había de asegurar un modo de vida marcado por la posibilidad de expresar sus ideas y sentimientos en una continua y plena creatividad. Me refiero a jóvenes que hoy ya no lo son tanto y que contemplan cada día cómo paulatinamente se les van cerrando oportunidades: apenas pueden ya aspirar a las becas destinadas a artistas emergentes, han quemado todas las residencias posibles y empiezan a resignarse a combinar la docencia con la escritura para hacer sostenibles sus proyectos de creación. Muchos de ellos ostentan la bandera de la precariedad, como si de un estandarte identitario se tratara, pero jamás serían capaces de atreverse a negociar una mejora en su situación económica ni laboral, ni mucho menos a organizarse con sus pares para conseguirlo.

Es importante tener presente que la economía de la cultura, como sector y como mercado, no está exenta de particularidades: no todos los aspectos del trabajo cultural están remunerados económicamente y las recompensas simbólicas suelen superar a las materiales. Los límites entre el tipo de actividades que deben cubrir las administraciones y lo que debería ser propio del mercado tampoco están nada claros.[3] Apenas existen organizaciones sindicales o espacios de politización del malestar. Las malas prácticas son comunes

---

[3] Hay teatros públicos programando obras de teatro o musicales que claramente concurren con la programación de salas privadas, y a la vez conciertos y festivales privados con mucha financiación pública. Si observamos en detalle comprobamos que hay una falta de criterios para definir qué actividad cultural debería ser asumida por las instituciones públicas.

y las empresas e instituciones aprovechan el deseo de visibilidad de los agentes culturales para explotar su capacidad de trabajo. Son frecuentes las puñaladas y las zancadillas entre compañeros. La precariedad marca habitualmente la vida laboral de quienes se dedican al trabajo cultural pero, a la vez, existe una pequeña esfera en la que el reconocimiento, la visibilidad y los contactos se transforman en capital económico. Todo el mundo aspira a llegar a ese exiguo pináculo que, lamentablemente, se sostiene sobre una base gigante.[4]

Esto ha contribuido a consolidar un sector laboral en el que solo consiguen trabajar personas de una determinada clase social y que cuentan con recursos personales o familiares. Son demasiados los mecanismos de reproducción del propio sector que excluyen a quienes proceden de contextos económicos más vulnerables.[5]

---

[4] Gran parte de quienes se dedican al trabajo cultural son trabajadores autónomos o trabajan en microempresas con márgenes de beneficio nimios. Según el *Anuario de estadísticas culturales 2021* confeccionado por el Ministerio de Cultura y Deporte, el 67,6 % de las empresas culturales españolas no tienen asalariados, y otro 26,1 % son de pequeño tamaño, con entre 1 y 5 trabajadores. Disponible en: https://www.culturaydeporte.gob.es/servicios-al-ciudadano/es-tadisticas/cultura/mc/naec/portada.html

[5] Existen múltiples estudios que demuestran la falta de personas de clase trabajadora en lugares de dirección o gestión dentro de las industrias culturales. Igualmente, todos los estudios que se han realizado en el continente europeo señalan la falta de diversidad en lo que se refiere a personas migrantes o de diferentes orígenes étnicos en el sector. En el Estado español, pese a que no haya estudios exhaustivos para confirmarlo, las industrias culturales son por lo general un espacio laboral conformado por personas blancas, con estudios y que parten de cierto bienestar económico. Sobre todo ello puede verse el informe «Class inequality in the Creative Industries is rooted in unequal access to arts and cultural education», 8 de junio de 2022 (disponible en https://pec.ac.uk/blog/class-inequality-in-the-creative-industries-is-rooted-in-unequal-access-to-arts-and-cultural-education). También Anamik Saha, «Race and the Cultural Industries», 2018; y Kate Oakley, «Whose creative economy? Inequality and the need for international approaches», 2016.

Las industrias culturales suelen ser elitistas y en ellas predominan las personas blancas, con algunas excepciones de sujetos provenientes de clases populares que pueden disfrutar de cierta visibilidad, aunque en muy pocos casos logran ocupar puestos de dirección o de relevancia dentro del entramado socio-político sobre el cual se sustenta el sector. Cualquier repaso a la lista de los miembros que conforman los patronatos de museos, fundaciones o auditorios nos dejará ver esta realidad de manera elocuente.

La precariedad

En una mirada detenida a este paisaje, vemos pocas personas que logran sostener hoy una carrera laboral en el sector cultural, al menos como dedicación exclusiva. Al mismo tiempo, las condiciones laborales de quienes consiguen vivir de la cultura suelen ser precarias o de autoexplotación. A lo largo de los años, las administraciones han ido redefiniendo la terminología del sector en busca de un modelo económico que se ajustara a su situación, pero a pesar de lo loable de algunos esfuerzos más o menos imaginativos de la administración, los cambios de terminología no se han traducido en una mejora laboral o salarial para los agentes culturales. Desde que se acuñara el término «industrias culturales» a finales de la década de 1970, transitamos después al famoso concepto de «industrias creativas» en los años noventa, el paradigma de los emprendedores culturales en la década de los 2000, las referencias a las «industrias del entretenimiento» o del «copyright» en Estados Unidos, la «economía naranja»[6] en Colombia o

---

[6] Para una interesante crítica de la denominada «economía naranja» puede verse el siguiente artículo de Paola de la Vega, «Economía Naranja: ¿un modelo de oportunidad infinita para el sector cultural?», *El Telégrafo*, 12 de mayo de 2014.

Ecuador o, más recientemente, los «mercados en red social».[7] Nadie, sin embargo, ha logrado estabilizar un sector económico que mueve mucho dinero, pese a que las condiciones laborales de quienes se dedican a la producción cultural son inestables y están siempre marcadas por la discontinuidad y la incertidumbre.

Las condiciones anteriores suelen desembocar en una situación en la que quien trabaja en cultura acaba por internalizar y subjetivizar el problema. Esta persona puede empezar a creer que lo que ocurre es que no posee el carisma, los conocimientos, las habilidades o las cualidades necesarias para garantizarse una vida laboral en el sector cultural. Como consecuencia, aparecen las inseguridades, la disminución de la autoestima y la creencia de que la precariedad es una característica inherente a su identidad (soy precario/a), en lugar de un análisis en el que se comprenda que se trata de un elemento estructural del sector. Este mecanismo lo ha examinado la crítica cultural Isabell Lorey, quien en varios de sus trabajos ha profundizado en la problemática de la precariedad en el sector cultural. Lorey ha defendido con elocuencia que la precariedad no es ni un factor circunstancial ni un problema que afecte a un determinado grupo de personas, sino un modelo de gobierno característicamente neoliberal que, lamentablemente, quienes se dedican al trabajo cultural han acabado asumiendo y subjetivando como un rasgo propio o como una incapacidad.[8]

---

[7] En el libro *Emprendizajes en cultura* (*op. cit.*) también desarrollé con detenimiento esta genealogía. A las categorías que se estudiaban en ese momento se han añadido algunas nuevas que renombrando el mismo fenómeno, tienen la esperanza de sacar al sector del atolladero económico en el que se encuentra; ver https://repositorio.uam.es/bitstream/handle/10486/668449/nuevos_casani_ubr_2012.pdf?sequence=

[8] Isabelle Lorey, *Estado de inseguridad. Gobernar la precariedad,* Madrid, Traficantes de Sueños, 2016.

En consonancia con otras autoras, entre ellas el colectivo activista de investigación Precarias a la Deriva, de las que toma inspiración, Lorey sostiene que la precariedad no es solo un factor económico, sino también la normalización de la obligación de vivir con lo contingente, con lo imprevisible, con una sensación perpetua de inseguridad. Para ella, no se trata de una casualidad, sino la consecuencia de un modelo de gobierno específico. «El gobierno neoliberal procede sobre todo mediante la inseguridad social», señala Lorey, «mediante la regulación del mínimo de protección social que corresponde al mismo tiempo a una incertidumbre creciente».[9] Una de las funciones del neoliberalismo ha sido extender la idea de que el sujeto existe de forma aislada y que debe concurrir con los demás para mejorar sus condiciones de vida. El sujeto es una isla, una empresa, un proyecto que debe garantizarse las condiciones para prosperar. Desde este imaginario no sorprende que cualquier forma de sindicación se perciba como una traición a uno mismo y a las capacidades de sostener la propia vida. Lorey dibuja así esta situación: «Los precarios, en toda su disparidad, están tendencialmente aislados e individualizados, porque andan a la búsqueda de trabajos temporales, saltan de un proyecto a otro y con frecuencia abandonan los sistemas colectivos de protección social. Faltan grupos de presión y formas de representación para los diferentes precarios».[10]

Una sociedad que se siente insegura, que normaliza la incertidumbre como forma de vida, es más fácil de gobernar. El malestar, fragmentado e individualizado, se transforma en enfermedad mental, tristeza o desencanto. Paulatinamente «las condiciones de vida y de trabajo precarias están normalizándose en un plano estructural y se han convertido por ende en un

---

[9] Ibídem, p. 18.
[10] Ibídem, p. 24

instrumento fundamental de gobierno».[11] La precariedad, como vemos, no es un problema económico sino
una estrategia de gobierno. Y cuando las personas
subjetivan y transforman en rasgos identitarios —«soy
precario»— lo que eran modos de gobierno se reifican
en un modelo muy específico de poder. La precariedad deja de ser una anomalía y se vuelve la condición
única desde la que operar. «Un fundamento decisivo
de esta evolución», dice Lorey, «es que la precarización
en el neoliberalismo se encuentra en un proceso de
normalización que hace posible gobernar mediante la
inseguridad».[12] Desde el momento en el que la precariedad se vive como un problema personal, hay miles
de másteres, cursos, programas de acompañamiento o
entidades dispuestas a capitalizar el problema y que se
ofrecen como tu solución personal.

Paradójicamente, algunos de los análisis de este fenómeno, que han aparecido en la última década y que
más éxito han cosechado, también profundizan en esta
dimensión personal. Hablar de la precariedad como
un rasgo identitario permite que quienes lean estos
libros se identifiquen con esta realidad, pero también
refuerza la visión de que la precariedad afecta al individuo, sin que se reconozca que es una condición que
surge del diseño del propio sistema económico. En su
libro *El entusiasmo*, la autora Remedios Zafra explora la
realidad de los «sujetos envueltos en la precariedad y
disfrazados de un entusiasmo fingido, utilizado para
aumentar su productividad a cambio de retribuciones
simbólicas o de la postergación de una vida plena».[13]
Gran parte del libro se construye a través de las experiencias ficticias de un personaje llamado Sibila, que re-
lata en primera persona cómo le afectan las presiones

---

[11] Ibídem, p.73.

[12] Isabelle Lorey, *Estado de inseguridad...*, p. 26.

[13] Remedios Zafra, *El entusiasmo. Creatividad y trabajo en la era di-
gital*, Barcelona, Anagrama, 2017, p. 14.

y los malestares del trabajo cultural. La protagonista, como muchos trabajadores culturales, se debate entre «el *hacer* frente al *tener* una práctica creativa frente a, por ejemplo, un trabajo alienante, esa sensación que perturba "profundamente" frente a la que resigna o reconforta».[14]

Es cierto que uno de los problemas de este tipo de análisis es que al enfocarse en la precariedad como una preferencia individual, se obvian factores determinantes como la clase social o el origen, ya que para muchas personas no tener remuneración por su trabajo no es una opción. Zafra señala: «No sin contradicción, muchas personas preferiríamos el camino de la creación modesta pero libre a la acumulación y riqueza subordinadas a un trabajo sin pasión»,[15] lo que eleva el trabajo cultural a un estilo de vida al que solo pueden aspirar algunos privilegiados.

Bajo la tensión entre entusiasmo y precariedad se oculta el hecho de que hay muchas más personas que, debido a su origen, ni siquiera pueden aspirar a ingresar al campo cultural o académico, en comparación con aquellos que pueden permitirse pasar noches en vela o sentirse juzgados por sus pares. Tal y como expone Zafra «bajo la sensación de que el entusiasmo sostiene el aparato productivo, el cumplimiento de plazos y tantas noches sin dormir, los procesos de evaluación permanentes, una vida competitiva, el agotamiento disfrazado, se convierte en un motor para la cultura y la precariedad de muchos que buscan vivir de la investigación y la creatividad en trabajos culturales o académicos».[16] En este sentido, se está perfilando lo que podría ser un sector productivo convertido en un espacio identitario, en el que la clase media aspiracional

---

[14] Ibídem, p. 13.

[15] Ibídem, p. 15.

[16] Remedios Zafra, *El entusiasmo...*, p.16.

se refleja en la tenacidad de aquellos que eligen una vida expresiva en lugar de una vida que contribuya a mejorar la vida de los demás, a trabajar por un salario justo o a sindicalizarse para evitar que el sector cultural sea un entorno laboral lleno de techos de cristal. La sociedad cultural se reproduce a sí misma, generando mecanismos de exclusión, filtrando el acceso y creando pensamiento crítico que refleja únicamente la subjetivación de las desigualdades económicas y sociales en las que se sustenta el campo productivo de la cultura.

Si uno logra evitar la sobreidentificación, los problemas que Zafra plantea en relación con quienes trabajan en el sector cultural suelen ser bastante pedestres. El temor a perder visibilidad, el exceso de burocracia, el desgaste de los vínculos sociales, entre otros. En este sentido, la precariedad que Zafra describe se asemeja más a un lamento de aquellos que han estudiado grados y másteres pensando que eso les daría automáticamente el control sobre su destino, en lugar de representar a sujetos explotados, capaces de renunciar a su identidad para luchar por los derechos laborales colectivos. Zafra describe cómo el exceso de burocracia y papeleo para justificar las ayudas públicas pone en riesgo «la pérdida de lo más valioso: la libertad que convierte la creatividad humana en algo transformador, capaz de ayudarnos a conocer más y mejor, curar, resolver, inspirar, confrontar, entender, perturbar, emocionar, desmontar injustas formas de poder, favorecer la igualdad social y mejorar el mundo».[17] Lamentablemente, Sibila pierde la paciencia cuando se ve en el proceso de justificar la beca que solicitó para desmantelar «injustas formas de poder». Paradójicamente, en el libro no hay mención acerca de cómo tratar de desmontarlas directamente.

Efectivamente, a nivel conceptual, el libro de Zafra presenta el gran problema de que habla únicamente a

---

[17] Ibídem, p. 26.

sujetos sociológicamente similares a ella. Se dirige a los hijos de clase media que no logran reproducirse socialmente y mantener su estatus. Si quienes han nacido en entornos menos privilegiados llegaran a leerlo, se sonrojarían ante los problemas que afectan a Sibila, quien pasa una noche en vela para terminar una entrega o un artículo académico para un congreso internacional. La idea de «autoexplotación» que impregna el libro solo se le puede ocurrir a alguien que realmente tiene las condiciones económicas para elegir si prefiere invertir más o menos horas en asistir a eventos para mejorar su visibilidad y ascender en el entorno cultural. Convertir el impulso creativo en una faceta identitaria hace que no se pueda conceptualizar la explotación laboral como un elemento transversal que solo se puede combatir de manera colectiva, y termina individualizándola y transformándola en un rasgo de carácter. Como una buena novela burguesa, se repliega sobre la subjetividad de quien narra, produciendo una relación de empatía, al tiempo que cierra la posibilidad de estructurar el malestar que se convierte en un tópico, y no en algo a erradicar.

De hecho, este entusiasmo por la creación, cuando deviene rasgo de carácter de las personas, en momentos en los que asola el identitarismo, parece totalmente incuestionable. Se cierra así la posibilidad de entender el carácter estructural de la precariedad y cómo esta es una condición del trabajo neoliberalizado. Zafra escribe: «Para aquellos que lo han sentido, este entusiasmo propio de la creación siempre vuelve, como un motor que impulsa la práctica de una pasión o como un recuerdo que moviliza por haberlo experimentado. Es persistente y merodea cerca, movilizando o causando dolor; una y otra vez se filtra como el agua entre las grietas, en hilos delgados o en ráfagas que nos sumergen».[18] Con esto, podría parecer que este

---

[18] Remedios Zafra, *El entusiasmo...*, p. 29.

deseo de creación no es una producción sociohistórica completamente funcional al tipo de mercado laboral característico del capitalismo. El «entusiasmo» o la necesidad de tener una vida expresiva o creativa se vive como un valor personal, y a veces olvidamos que es un rasgo subjetivo interiorizado y naturalizado.

Boltanski y Chiapello han contribuido a entender cómo a finales de la década de 1970, esta subjetividad replegada sobre sí misma, que exigía el derecho a expresar sus ideas y emociones de forma creativa, era completamente funcional a la neoliberalización de la economía y a la desarticulación de las demandas obreras.[19] Todas estas ideas siguen marcando tanto las expectativas vitales de quienes se dedican laboralmente a la cultura como las estéticas que se reproducen desde la industria cultural. El peor de los miedos de quien se cree muy original, único o diferente es poder ser sustituido fácilmente por otro. Este miedo no es una causa explicativa, pero ayuda a entender que quienes se dedican a la cultura se agarren a sus oportunidades laborales, por lamentables que sean, como quien se agarra a un clavo ardiendo. Peor que no cobrar por tu trabajo es que otra persona lo acabe haciendo por ti, perder la capacidad o el espacio para expresar tus ideas e imaginarios con los demás.

La pérdida de perspectiva

Una de las consecuencias de transformar la precariedad en un rasgo identitario consiste en que paulatinamente las personas pasan a considerar las desigualdades estructurales como asuntos personales. Como explica el

---

[19] Ver Boltanski, Luc y Ève Chiapello, *El nuevo espíritu del capitalismo*, Madrid, Akal, 2002.

sociólogo François Dubet, en años recientes «la estructura de las desigualdades de clase se ha multiplicado en una sumatoria de factores que vivimos como pruebas individuales y sufrimientos íntimos».[20] En lugar de entender las estructuras de opresión o los elementos que determinan nuestras vidas, «las desigualdades se viven como una experiencia singular, una prueba individual, una puesta en entredicho del valor propio, una expresión de desprecio y de humillación».[21] De esta manera, se pierde paulatinamente conciencia de clase, de colectivo, de habitar un conflicto transformable y el sujeto se acaba replegando sobre su propio malestar, que subjetiva como una injusticia personal o una pérdida de privilegios. En este proceso la precariedad pasa de ser una característica que define los mercados culturales a considerarse un atributo personal. En lugar de señalarse que el modelo de explotación desarrollado por las industrias culturales solo es viable sobre una base de precarización de los trabajadores, lo que se asume es que uno mismo es un sujeto precario. Así, en lugar de entender el papel de la cultura dentro de un marco de relaciones socioeconómicas más amplio, acabamos refugiándonos en el malestar personal y en los relatos en primera persona.

La economía de la cultura no es ni autónoma ni ajena a los mercados financieros o de la especulación inmobiliaria. Es más, está densamente tramada sobre estos dos marcos económicos. Paradójicamente, no hay programa de promoción de industrias culturales ni foro de debate en torno a la economía y la cultura que se haya detenido a analizar la forma en la que las economías de la cultura se insertan en las tramas de la especulación inmobiliaria; el modo en el que las

---

[20] François Dubet, *La época de las pasiones tristes*, Buenos Aires, Siglo XXI, 2020.
[21] Ibídem, p. 14.

externalidades generadas de la actividad cultural sirven para dotar de valor a inmuebles o enclaves específicos; el grado hasta el que el trabajo cultural se ve
condicionado por el valor del precio del suelo; la medida en que las economías inmobiliarias, culturales y las
rentas derivadas del turismo están densamente trenza-
das, muchas veces a pesar de los agentes culturales que
reniegan del mismo.

La gentrificación —cuyo señalamiento sirve para
definir parte del problema, si bien se equivoca en la
solución— se ha fetichizado como explicación de todo
lo anterior. Aceptar que las actividades culturales y
el capital simbólico que deriva de las mismas puede
acrecentar la visibilidad o dotar de un atractivo adi-
cional a ciertos barrios, zonas concretas o entornos es
una obviedad. Pero pensar que el agente cultural es
el causante de la subida de los precios del suelo supone una inferencia completamente falaz, vuelve a ser
la transformación de una condición estructural en un
problema identitario. El agente gentrificador no es el
agente cultural. En ausencia de fondos de inversión,
promotoras y especuladores inmobiliarios no habría
procesos de segregación urbana y de especulación inmobiliaria. Y la economía de la cultura casi siempre se
va a ver afectada por el progresivo aumento del precio
del suelo y la disparidad entre el valor generado por la
actividad cultural y la capacidad de recuperar o mone-
tizar este valor generado.

Ejemplos claros de que la economía de la cultura no
puede ser nunca entendida como un fenómeno autónomo son los eventos turístico-culturales destinados a
atraer visitantes, los grandes equipamientos culturales,
las rutas patrimoniales y los macro-festivales. La economía de la cultura es una economía de *branding* urbano,
asociada al turismo, la especulación inmobiliaria y a
otros servicios. Las externalidades de la cultura sirven
para incrementar el valor de muchos otros mercados

adyacentes. Si creemos que la economía de la cultura tiene que ver con las rentas derivadas exclusivamente del trabajo cultural o de la generación de derechos de autor, seremos cómplices de la agonía de un sector que realmente nunca lo fue. La práctica cultural produce valores y ayuda a generar rentas en muchos otros sectores. Si ponemos el énfasis en la precariedad del sector cultural y no entendemos cómo estas prácticas laborales están incrustadas en sectores adyacentes no haremos más que alimentar el mantra de la precariedad cultural.

Un último punto que es importante tener muy claro es que, en la historia reciente del trabajo, no encontraremos ningún ejemplo en el que los trabajadores hayan conseguido mejorar ostensiblemente sus condiciones sin haberse organizado y luchado por ello. La estetización, la tematización o la transformación del malestar en un rasgo identitario no ha propiciado grandes mejoras laborales hasta el momento. No obstante, resultaría más controvertido afirmar que quizás los trabajadores de la cultura son cómplices de la precariedad que asola al sector; que renunciar a escuchar los cantos de Sibila es renunciar a una parte fundamental de la identidad individual de una persona. Con complicidad me refiero a que en ocasiones en lugar de asumir que sin organización sindical, política o movilización no hay transformación, la precariedad acaba tematizada y transformada en objeto de consumo cultural o rasgo identitario. En contextos tan cargados de capital simbólico y economías basadas en la visibilidad, el miedo a ser tildados de excesivamente políticos hace que muchos agentes se muerdan la lengua y se contengan frente a abusos laborales, prácticas claramente precarizantes y formas de trabajo completamente irregulares.

En un provocador texto publicado en 2020 con el título de «Cuando el conflicto nos elige», Marta Doménech y Rubén Martínez afirmaban que «la precariedad estructural del trabajo solo puede ser combatida por una unión decidida de quienes trabajamos para poder vivir».[22] Aun así, en sociedades altamente individua-lizadas, marcadas por la búsqueda de la autenticidad personal, la originalidad y la diferencia, aceptar que sin la fuerza de los demás, tus capacidades son limitadas es una patada en la boca del estómago a las subjetivida-des neoliberalizadas. Parece que ha llegado el momen-to de tener que elegir si asumimos la precariedad como tema, es decir, como parte de los contenidos de obras culturales, o como elemento que estructura nuestras vidas. Si asumimos la precariedad como rasgo identi-tario y característica personal o si, al contrario, la asu-mimos como una fuente de vulnerabilidad colectiva que nos empuje a cooperar para mejorar nuestras con-diciones laborales. Seguramente las opciones no son incompatibles, pero algunas tendrán más capacidad de conflictuar que otras. Una transformará el malestar en frustración íntima, otra en rabia colectiva. Sibila, elige tu propia aventura.

---

[22] Ver Marta Doménech y Rubén Martínez, «Cuando el conflicto nos elige», *Nativa*, 6 de mayo de 2020.

6. Derechos y conflictos: sobre los límites de la cultura pública

> La cultura no conoce más valores que los de la verdad y la belleza, que no son inferiores ni superiores sino diversos a los del bien o el orden.
>
> Marcos Vaquer, *Estado y cultura.*

> Los derechos son, desde su origen, una práctica disciplinaria en potencia.
>
> Wendy Brown, *Estados de agravio.*

Lo que hasta aquí he intentado exponer son los motivos, genealogías, articulaciones y herencias que hacen que esto que llamamos cultura sea hoy un regalo envenenado, ese artefacto burgués que sigue condicionando nuestros imaginarios y expectativas, y que proyecta una falsa promesa de liberación autotélica que nunca llegará a cumplirse. La idea de cultura, desarrollada en Europa central e impuesta violentamente a otros países y continentes durante el periodo colonial, incluye aspiraciones e ideales que actualmente han empezado a resquebrajarse pero que, en el caso concreto del Estado español, aún no permiten que articulemos una formulación capaz de escapar de la alargada sombra de sus orígenes liberales. Las ideas y valores perduran a lo

largo del tiempo, especialmente cuando encuentran un
hogar en instituciones, marcos legislativos, normativas
y burocracias en las que pueden anquilosarse a gusto.
Las ideas se materializan en las instituciones que contribuyen a reproducirlas en el tiempo.

En este capítulo quiero profundizar en el modo en
el que las administraciones públicas reproducen una
idea determinada de cultura, al tiempo que se dotan
de un conjunto de dispositivos simbólicos y materiales
—instituciones, normas, planes de promoción, listados
o ayudas económicas— para fomentar y reproducir lo
que dichas administraciones consideran cultura. Con
ese objetivo, querría analizar qué es lo que el propio
Estado considera cultura y explorar cómo, con el fin
de administrarla, las instituciones públicas se han visto
obligadas a objetivar y estandarizar un significado concreto de la misma.

Cultura de Estado

La cultura burguesa y liberal sigue siendo un pilar tan
sólido de los Estados liberales europeos que su acceso
se garantiza incluso en las constituciones de muchos
países, lo que, en el mismo gesto, convierte al Estado
en tutor de esa garantía. Un claro ejemplo de ello es la
Constitución española, que en su artículo 44 expone:
«Los poderes públicos promoverán y tutelarán el acceso a la cultura, a la que todos tienen derecho». Por su
parte, la Constitución portuguesa reconoce en su artículo 73 que: «El Estado promueve la democratización
de la cultura, incentivando y asegurando el acceso de
todos los ciudadanos al disfrute y creación cultural».[1] El
preámbulo de la Constitución francesa declara de

---

[1] Constitución de la República portuguesa, septiembre de 1976,
revisada en 2005.

forma explícita que: «La Nación garantiza la igualdad de acceso para niños y adultos a la educación, la formación profesional y la cultura».[2] De forma más reciente, la Constitución boliviana, consciente de la importancia de reconocer el papel de las comunidades originarias, recoge: «Será responsabilidad fundamental del Estado preservar, desarrollar, proteger y difundir las culturas existentes en el país».[3] El artículo 4 de la Constitución política de los Estados Unidos Mexicanos establece: «Toda persona tiene derecho al acceso a la cultura y al disfrute de los bienes y servicios que presta el Estado en la materia, así como el ejercicio de sus derechos culturales. El Estado promoverá los medios para la difusión y desarrollo de la cultura, atendiendo a la diversidad cultural en todas sus manifestaciones y expresiones con pleno respeto a la libertad creativa. La ley establecerá los mecanismos para el acceso y participación en cualquier manifestación cultural». Igualmente, la Constitución colombiana recoge en su artículo 70: «El Estado tiene el deber de promover y fomentar el acceso a la cultura de todos los colombianos en igualdad de oportunidades».[4] La idea del acceso a la cultura no solo está considerada un derecho constitucional, sino que también es clave tanto para el desarrollo de los diferentes Estados como para la producción de sus ciudadanos.[5]

Organismos nacionales e internacionales siguen defendiendo las virtudes de esta cultura y, con ello, contribuyen a normalizar y sostener en el tiempo unas

---

[2] Constitución de la República francesa del 4 de octubre de 1958.

[3] Constitución Política del Estado de Bolivia de febrero de 2009.

[4] Constitución de Colombia, actualizada en septiembre de 2011.

[5] Para una conversación en más profundidad sobre cómo recogen la noción de acceso a la cultura las diferentes constituciones europeas ver Mario Antonio de la Cámara, «Cultura (derecho de acceso a la)», *Eunomía. Revista en Cultura de la Legalidad*, núm. 16, septiembre de 2019, disponible en https://e-revistas.uc3m.es/index.php/EUNOM/article/view/4705

ideas y valores muy determinados que se materializan en tramas de organizaciones e instituciones muy
concretas. La transformación de la noción de cultura
no es, por tanto, solo una lucha simbólica o parte de
una guerra cultural, sino que tiene que ver también con
una transformación institucional. La noción burguesa
de cultura está tan densamente tramada en la red de
instituciones, artefactos regulatorios y normativas que
deshacerla exige un trabajo que va mucho más allá de
formular una crítica o señalar teóricamente sus fallas.
Con este propósito, vamos a tratar de entender cómo
se produce la noción jurídica de cultura y cómo se ad-
ministra cuando deviene objeto de la gestión pública.

En el ámbito de los derechos humanos, el acceso a
la cultura está reconocido y protegido por diferentes
instrumentos legales. El artículo 27 de la Declaración
Universal de los Derechos Humanos establece: «Toda
persona tiene derecho a tomar parte libremente en la
vida cultural de la comunidad, a gozar de las artes y
a participar en el progreso científico y en los beneficios que de él resulten». Como demuestran todas estas disposiciones legales, a pesar de las controversias
y problemáticas que envuelve cualquier posibilidad
de definir de forma unívoca el concepto de cultura, los
Estados se ven obligados a garantizar el derecho de acceso a la cultura —una cultura específica— para toda la
ciudadanía.[6] Y, para llevar a cabo esta tarea, las diferentes administraciones e instituciones se ven en la necesidad de objetivar y definir qué es lo que se entiende por
cultura, así como a diseñar marcos legislativos, políticas públicas e instituciones orientados a promover ese

---

[6] Las constituciones de Ecuador o Bolivia se han visto obligadas
a reformular de forma contundente sus respectivas nociones de
cultura una vez han integrado cosmovisiones de comunidades
andinas en las que la distinción cultura/natura no operaba. Su
traducción a políticas culturales concretas sigue siendo, a día de
hoy, uno de los retos pendientes.

derecho fundamental. Esto, nuevamente, implica también determinar y legitimar qué cosas se consideran cultura y cuáles no, qué instituciones deben promover su acceso y qué aspectos de la cultura tienen que venir servidos por el mercado, y de forma aun más notable, quién es el sujeto de la cultura, qué grupo demográfico constituye el interés general al que se debe la cultura institucional.

El catedrático de derecho administrativo Marcos Vaquer ha señalado que las administraciones necesitan transformar la noción abstracta de cultura en algo concreto sobre lo cual se puedan crear políticas públicas o planes de promoción. Esto exige la elaboración de una noción jurídica específica que, según el autor, entiende por cultura «el conjunto de manifestaciones de la creatividad humana a las que la sociedad, institucionalizada o personificada en el Estado, atribuye un valor intelectual o estético».[7] Por lo tanto, las administraciones —a través de museos, auditorios, becas, listados[8] o reconocimientos— deben decidir cuáles son el tipo de manifestaciones que poseen un valor intelectual y estético, y, por supuesto, cuáles carecen de él. Esta objetivación de la cultura en registros, catálogos y listados nos ayuda a entender el tipo de objetos y actividades a los que se les atribuye valor público. Se podría decir

---

[7] Marcos Vaquer Caballería, *Estado y cultura: la función cultural de los poderes públicos en la Constitución española*, Madrid, Centro de Estudios Ramón Areces, 1998, p. 94.

[8] Sobre la función del listado como forma de legitimación es interesante leer a Sergio Ramos Cebrián, *Espacios activos y derechos pasivos, una historia no resuelta en las políticas culturales de proximidad*, tesis doctoral, Universitat de Vic - Universitat Central de Catalunya, 2021. En su trabajo ahonda en cómo las administraciones públicas, en su afán de gestionar y administrar la cultura, no tienen más opción que objetivarla, creando listados de lo que es susceptible de ser considerado como cultura y lo que no. Estos listados reconocen el valor público de ciertos objetos culturales y al reconocerlos, los otorgan legitimidad.

así que el Estado gestiona y dispensa capital simbólico, con el objetivo último de preservar y reproducir al
propio Estado.

Sin salir de este marco de interpretación, el también
catedrático de derecho administrativo y especialista en
derecho de la cultura, Jesús Prieto de Pedro, afirma,
profundizando en la idea, que «se puede decir que el
objeto de la creación cultural se concreta para la Constitución en las prácticas creadoras de lo bello, lo docto
y lo útil».[9] Es decir, en ese proceso de objetivación y
determinación de lo que se considera cultura, puede
comprobarse que las administraciones e instituciones
públicas toman como referencia la belleza, la inteligencia y la utilidad. Estas decisiones influyen en la desig-
nación de las manifestaciones culturales que merecen
reconocimiento económico y simbólico por parte del
Estado y las que se ven excluidas por considerarlas fal-
tas de valor estético o de utilidad o, directamente, una
idiotez. Se genera así una ficción útil que permite identificar, catalogar y promover determinadas prácticas
o por los menos justificar su financiación. Esta acción
deja necesariamente muchas otras prácticas fuera.

Si bien es cierto que la noción burguesa de cultura
ha sido ampliamente criticada y cuestionada desde entornos críticos o activistas, en los niveles institucional
y jurídico no ha llegado a desprenderse de los ideales
ilustrados que forman parte de su genealogía. La cultura se sostiene y se promueve, en última instancia,
sobre la base de un conjunto de valores que las administraciones deben ser capaces de acreditar y respaldar.
Como señala Vaquer: «En un esfuerzo por reducir la in-
determinación del valor cultural, podemos descompo-
nerlo en dos aspectos: el valor intelectual (verdad) y el
valor estético (belleza). El primero se atribuye a través

---

[9] Jesús Prieto de Pedro, *Cultura, Culturas y Constitución*, Madrid,
Centro de Estudios Políticos y Constitucionales, 2013, p. 234.

del juicio lógico o racional del ser humano, mientras que el segundo se basa en su juicio estético. En términos convencionales, la ciencia y el arte, en un sentido amplio, son considerados cultura. Sin embargo, si seguimos corrientes estéticas que han definido la belleza como una forma de verdad, quizás un único valor sintetice el concepto de cultura: la verdad».[10]

El valor de la verdad en la belleza continúa siendo un criterio que se emplea para validar y respaldar institucionalmente lo que se entiende por cultura y lo que no. Por su parte, la Constitución española también reconoce que deben existir límites en cuanto a lo que se considera que posee suficiente valor de verdad/belleza para ser considerado un objeto de cultura. Llama la atención que estos límites tengan que ver con «la moral pública, las buenas costumbres, el orden público y la lealtad a la Constitución».[11] De esta manera, la libertad de producción y creación literaria, artística, científica y técnica «se vería restringida al derecho de crear y/o comunicar formas científicas y estéticas que sean conformes con los órdenes moral, político y jurídico de la sociedad».[12] Lo amoral no puede ser considerado bello, docto ni útil. Por esta razón «en nuestro Estado de Derecho el bien cultural, cuando sea moralmente reprobable según la ética mayoritaria, puede ver restringida su divulgación, pero no ser prohibido de plano».[13] La sociedad expresa a través de sus límites morales lo que puede o no tolerar como cultura.

Los límites de lo que se considera bello están arraigados en los imaginarios hegemónicos y en los controvertidos límites morales de nuestra sociedad. Estos límites se ven tensados cada vez que un artista, escritor

---

[10] Marcos Vaquer Caballería, *Estado y cultura…*, p. 98.

[11] Ibídem, p. 201.

[12] Ibídem.

[13] Ibídem, p. 206

o músico decide explorar una estética o idea que tiene la potencialidad de desafiar o transgredir estos marcos establecidos. Estos límites, que como digo están recogidos en la Constitución española, coinciden con los del «Convenio para la protección de los derechos humanos y las libertades fundamentales», al que la Unión Europea está adherida.[14]

La libertad de expresión, derecho que «comprende la libertad de opinión y la libertad de recibir o de comunicar informaciones o ideas, sin que pueda haber injerencia de autoridades públicas y sin consideración de fronteras», está sometido a ciertas restricciones o condiciones. El límite a la libertad de expresión vendrá determinado por la capacidad que tengan las ideas expresadas de suponer un peligro «para la seguridad nacional, la integridad territorial o la seguridad pública, la defensa del orden y la prevención del delito, la protección de la salud o de la moral, la protección de la reputación o de los derechos ajenos, para impedir la divulgación de informaciones confidenciales o para garantizar la autoridad y la imparcialidad del poder judicial».[15] Para el Estado, pues, la única cultura válida es aquella que reproduce al propio Estado. Y así se genera el canon, es decir, la cultura de Estado, un conjunto de obras, objetos o prácticas reconocidas públicamente como cultura y que, por lo tanto, son legitimadas y en muchas ocasiones, financiadas, desde las diferentes administraciones. Como vemos, uno de los derechos culturales, la libertad de expresión, también ampara el reconocimiento del poder del Estado para evaluar moralmente y limitar aquello que pueda ser expresado.

---

[14] Este convenio se encuentra en el apartado 2 del artículo 6 del Tratado de la Unión Europea, en su versión consolidada tras las modificaciones introducidas por el Tratado de Lisboa, firmado el 13 de diciembre de 2007.

[15] Artículo 10. Libertad de expresión.

De esta forma, por muy progresistas que se quieran y llamativas que resulten las políticas públicas que se ponen en marcha con el objetivo de promover el acceso a la cultura, lo que están haciendo, en realidad, es refrendar una y otra vez una noción muy específica de cultura que responde también a determinados valores. Las políticas publicas son normativas. En este sentido, el pecado capital de la cultura pública radica en que tiene que parecerse a sí misma. Debe transmitir unos valores de belleza, erudición y utilidad conforme al plan público burgués. La cultura refuerza y transmite los valores morales en los que se fundamentan las instituciones que la promueven. Por lo tanto, si queremos promover una transformación radical de la noción de cultura dentro de las administraciones, ¿por dónde deberíamos empezar?

Cultura y ciudadanía

Hace ya casi una década, con la llegada a las administraciones públicas españolas de partidos políticos cercanos a tesis municipalistas o nacidos al calor del 15M, se avivó un debate en torno a los modelos de cultura que dichas organizaciones debían asumir. Desde entonces, se ha planteado recurrentemente la pregunta acerca de cómo sería una cultura transformadora o de izquierdas promovida desde el ámbito público.[16] Yo mismo participé en muchos de estos debates a raíz de un panfleto titulado *Cultura libre de Estado* que escribí en 2016. En aquel momento, algunos colectivos

---

[16] Este debate, a medida que fueron incorporándose a él personas provenientes de los partidos de la nueva política, fue centrándose más bien en buscar formas efectivas de gestión de la cultura. El evento *¿Cómo tramitar un unicornio?*, organizado por el Ayuntamiento de Zaragoza en 2017 sería un buen ejemplo de ello. Así, paulatinamente, el debate pasó de ser ideológico a técnico.

cercanos al movimiento de la cultura libre y vinculados a proyectos de corte más activista defendían la
necesidad de promover una cultura común, que fuera
capaz de respetar ciertos espacios para la autonomía
y la autogestión, como alternativa a las formas de gestión pública y privada de la cultura. Una pregunta, que
entonces articuló gran parte del debate, planteaba lo
siguiente: si dejamos de entender la cultura tan solo
como un recurso, es decir, como un sector económico
y comercial que debe encajar en el marco de las industrias culturales, ¿qué diantres sería? Lo que implicaba
esta otra cuestión: ¿cómo podemos desvincular la gestión pública de la cultura de la idea de que esta debe
estar al servicio de quienes se identifican como agentes culturales y cómo podemos abrir el espectro de las
políticas culturales para que incluyan a las iniciativas
autogestionadas, los espacios autónomos, las prácticas
disidentes, etcétera? ¿Cómo desvincular la cultura de
los intereses específicos de un sector y devolverla a la
ciudadanía? Lo que, lamentablemente, no se nos ocu-
rrió entonces es que igual a la ciudadanía en general le
daba un poco lo mismo lo que pasara con la cultura.

En 2009, junto con el investigador en políticas públicas Rubén Martínez, avanzamos una posible respuesta
en un texto titulado *Nuevas economías de la cultura:* entender la cultura como un derecho para la ciudadanía.[17]
Si la cultura pública implica los derechos de creación,
puesta a disposición y participación, era importante
ahondar en formas de incentivar y promover la participación que fueran más allá del mero consumo de objetos
culturales. Era importante forjar vínculos y estrechar la-
zos entre cultura y ciudadanía, desanclar la cultura del

---

[17] Ver Rubén Martínez y Jaron Rowan, «Nuevas economías de
la cultura», 2009, disponible en http://www.demasiadosupera-
vit.net/wp-content/uploads/2013/07/nuevas_economias_cultu-
ra_yproductions.pdf.

gueto de los creadores en el que se mantenía para trans-versalizarla como una práctica de corte común.

Con esto se abría la puerta a explorar todos los derechos existentes que no se habían desplegado o promovido. Sergio Ramos Cebrián ha examinado estas hipótesis con más detenimiento. Ha señalado que las políticas culturales de los últimos años han estado muy orientadas a quienes son reconocidos como sector cultural, dejando fuera de los debates, de las ayudas y de los apoyos institucionales para la creación y difusión cultural, a los espacios alternativos, centros sociales, comunidades organizadas, así como al grueso de la ciudadanía. Se ha promovido así la idea de cultura como un bien de consumo y no como una práctica social y abierta.[18] Paradójicamente, al grueso de la sociedad tampoco le importa mucho la cultura, al menos tal y como la entendemos en la actualidad. La ciudadanía no ha mostrado demasiado interés, ni motivos reales para acudir e intervenir en los espacios y procesos de participación abiertos por los ayuntamientos y gobiernos locales regidos por esos partidos municipalistas. Espacios y procesos participativos que, con el tiempo, se han ido desinflando o directamente han desaparecido a excepción de uno o dos casos muy específicos. La ciudadanía en general tampoco se ha mostrado especialmente interesada —ni a causa de la precariedad generalizada ha gozado de tiempo para ello— a la hora de exigir la rendición de cuentas a unas instituciones que ya tenían normalizado el nepotismo, el reparto de encargos entre personas cercanas y las redes clientelares como forma de operar.

---

[18] Ver Sergio Ramos Cebrián, «Explorando los derechos de participación cultural y nuevas maneras de acceso a la cultura», *Periférica Internacional. Revista para el análisis de la cultura y el territorio*, núm. 20, 2019, pp. 232-241, disponible en https://revistas.uca.es/index.php/periferica/article/view/5593; y también del mismo autor, la obra ya citada, *Espacios activos y derechos pasivos...*

Sobre esta desafección por parte de la ciudadanía hacia los asuntos de la cultura reflexiona Jazmín Beirak en su libro *Cultura ingobernable*. En este trabajo, Beirak señala la falta de correspondencia existente entre las políticas culturales implementadas y la realidad de las demandas o luchas sociales. Plantea también la necesidad de rearticular la cultura institucional poniéndola en diálogo con la ciudadanía como estrategia para alentar nuevas formas de gestión de la cultura por parte de las administraciones que se muestren capaces de transformar la desafección en participación cultural.[19] Desde su experiencia institucional como diputada en la Asamblea de Madrid, Beirak examina en su libro el modo en el que las respuestas que las administraciones dan a las demandas o necesidades culturales terminan convirtiendo una cultura, en sí misma «ingobernable», en un ente vaciado de su capacidad para antagonizar con las instituciones o con el sistema en el que se inserta. Beirak sostiene que «la cultura es algo vivo, inventado, apropiado, por eso, en el mismo momento en que se nombra, lo más probable es que sea ya un nombre caduco».[20] Por esta razón, considera que «lo que el poder debería hacer es poner los recursos públicos al servicio de la autonomía. Gobernar la cultura no es más que fomentar las condiciones para su ingobernabilidad».[21] Lamentablemente, en la última década, en el Estado español no han abundado las medidas reales o las propuestas tangibles puestas en práctica desde esa perspectiva. Los casos en los que las administraciones han cedido poder o competencias en materia cultural a organizaciones autónomas, centros sociales o movimientos disidentes capaces de tensionar la propia noción de cultura son muy escasos. Paradójicamente, algunos de estos centros sociales —como el Patio Maravillas o el

---

[19] Jazmín Beirak, *Cultura ingobernable*, Barcelona, Ariel, 2022.

[20] Ibídem, p. 26.

[21] Ibídem, p. 83.

Buñuel— fueron clausurados por unos gobiernos municipalistas cuyos primeros pasos se habían gestado,
precisamente, en dichos centros.

La falta de programas concretos para redistribuir
el poder, la falta de voluntad política para reconocer
los movimientos autónomos y la ausencia de cualquier
indicio de poder contribuir a desatar la cultura (y con
ello poner fin a todas las dependencias, corrupciones y
redes clientelares que se generan en torno a las administraciones) llevan a Beirak a recetar transversalidad,
diálogo y una mayor colaboración entre administraciones y ciudadanía, así como apostar especialmente
por una buena dosis de derechos culturales: «En pleno
siglo XXI, la política cultural pública no puede enten-
derse si no es en términos de garantía de los derechos
culturales».[22] Aun estando de acuerdo con el diagnós-
tico, me gustaría detenerme a examinar este asunto de
la distribución de derechos culturales, expresión con la
que se engloban objetivos, ideas e iniciativas que, téc-
nicamente, no son derechos en sí.

¿Derechos culturales?

Paradójicamente, tanto para Beirak como para otros
representantes de la política institucional de centro-iz-
quierda como el ministro de Cultura, Ernest Urtasun,
la mejor respuesta que las políticas públicas pueden
dar a la desafección y a la distancia entre los intereses
de la ciudadanía y la cultura sería transformarla en un
conjunto de derechos que vendrían definidos por las
instituciones y administraciones, al tiempo que serían
gestionados por ellas mismas. La paradoja del planteamiento de Beirak en su libro es que, en la búsqueda de

---

[22] Ibídem, p. 127.

formas de cultura más pegadas al quehacer cotidiano
de las personas —en la búsqueda de esta «cultura ingobernable»—, se vuelve necesario encontrar su encaje
en políticas públicas efectivas y en diseñar marcos institucionales propicios para fomentar su desarrollo. Sin
embargo, como hemos visto anteriormente, estas instituciones operan a menudo desde un marco de políticas
públicas que objetiva y cosifica esta supuesta ingobernabilidad de la cultura. Según la autora, para evitar la
neutralización que resulta de cosificar la cultura, es necesario convertirla en objeto de derechos (aunque, si lo
pensamos, para ello habrá, inevitablemente, que objetivarla). La autora no duda en afirmar que «para desplegar su potencia de radicalidad democrática, la cultura
necesita políticas públicas que fomenten su proliferación, garanticen el ejercicio de los derechos culturales
y promuevan la autoorganización de la sociedad».[23]
La duda que se abre es si la radicalidad democrática
o la autonomía deberían ser cosas promovidas por las
administraciones o son conquistas sociales que, de ser
verdaderamente efectivas, habrían de poner en crisis
parte de la función pública.

Si el Estado es, como bien estableció Pierre Bourdieu, el que en última instancia legitima y define qué
es o no cultura,[24] parece que abogar por reforzar la función pública sería un flaco favor para las entidades, colectivos o espacios que desafían la cultura pública. La
paradoja que nos presenta Beirak reside en la idea de
que la cultura autónoma, antagonista o ingobernable
requiera de administraciones públicas que la garanticen y la promuevan, que entiendan sus necesidades y

---

[23] Ibídem, p. 173.
[24] Bourdieu defiende que el Estado se caracteriza por tener el
monopolio del capital simbólico, es decir, en última instancia es
una gran máquina de legitimación. Ver Pierre Bourdieu, *Sobre el
estado: cursos en el Colegio de Francia, 1989-1992*, Barcelona, Editorial Anagrama, 2014.

las lógicas que la rigen. En su libro, la autora parece aceptar que estamos ante un problema técnico, de gestión cultural, y no político, es decir, de cuestionamiento del poder que deben tener las administraciones públicas y de cuál debería ser el alcance del propio Estado. Para un martillo todos los problemas son clavos y para las administraciones los retos políticos se pacifican transformándolos en límites de gestión. Con este desplazamiento aparece el denominado «posibilismo». De este modo, los debates en torno al papel represor, normalizador y coercitivo del Estado dejan de tener lugar. El único marco de debate que parece posible es cómo mejorar la gestión pública de la cultura.

Esta idea, la del Estado que debe buscar soluciones técnicas para suavizar o eliminar el conflicto, choca de frente con la idea de autonomía y autogobierno que defienden y demuestran a través de sus prácticas proyectos militantes, centros sociales y espacios de cultura comunitaria. Cuando pone en crisis la idea de que la creación es un acto individual, la necesidad de la intervención de la administración pública y la propiedad privada, la cultura común o autónoma no está exigiendo soluciones técnicas, está tensionando a las administraciones y su función. Si los movimientos sociales, las iniciativas vinculadas a lo que se denominó cultura libre o el activismo cultural, apostaron en la primera década del siglo xxi por la descentralización de la cultura, la necesidad de respetar los espacios autogestionados o autónomos y la redistribución del capital político y simbólico que se concentra en instituciones culturales y administraciones públicas, en la actualidad estamos viendo que, en los escasos espacios en los que la izquierda ha tenido incidencia en política cultural en el Estado español, se ha producido un giro reactivo que viene a ser una afirmación de la necesidad de recentralizar el poder en las administraciones. Y esto se presenta bajo la defensa de los denominados derechos culturales.

Técnica y administrativamente, los denominados derechos culturales son un conjunto de medidas de carácter liberal impulsadas por organizaciones internacionales; estos comenzaron a coger tracción a finales del siglo XX. Como ha explicado el gestor cultural e investigador Jordi Pascual: «La comunidad internacional comenzó muy tarde la exploración de los derechos culturales. El comienzo de la exploración tuvo lugar en 1990, cuando un grupo de académicos y activistas próximos a la Comisión de Derechos Humanos de la ONU propuso elaborar una "Observación general" sobre el artículo 15.1a del Pacto Internacional de Derechos Económicos, Sociales y Culturales (PIDESC), que reconoce "el derecho de todos a participar en la vida cultural"».[25] La cuestión de los elementos o aspectos adicionales que debían incluirse bajo estos derechos ha sido desde entonces objeto de debate en numerosos encuentros internacionales en los que, hay que apuntar, muchas veces se han mezclado los supuestos derechos culturales con el interés económico. Estos derechos culturales extenderían la noción clásica de acceso a la cultura, pasando de presentar una visión patrimonial que considera que la cultura es un conjunto de objetos a los que acceder, a una visión de la cultura más antropológica, reconociendo el valor de las experiencias y de la participación cultural. El acceso ya no giraría en torno al acerbo gestionado por las instituciones del Estado, sino que se entendería como una participación activa en la vida cultural y social de una región o comunidad.

Aun así, en la actualidad, el perímetro de los derechos culturales es ciertamente difuso y sigue siendo objeto de debate constante. Pascual afirma que los

---

[25] Jordi Pascual i Ruiz, «Desarrollo sostenible y derechos culturales. Contribuciones desde las ciudades y los gobiernos locales con la Agenda 21 de la Cultura y Cultura 21 Acciones», Girona, Universitat de Girona, 2021, p. 154.

derechos culturales engloban «además del derecho a participar en la vida cultural, otros derechos humanos como la libertad de expresión, la libertad de creación, la libertad artística y científica, o la libertad de comunicación»[26] y, en ese sentido, siguen la estela liberal de los derechos humanos. Los derechos culturales también incluyen los derechos de producción, por lo que la promoción de las industrias culturales o la defensa de la propiedad intelectual también podría encajar en este marco. En este sentido si bien es verdad que esta idea de los derechos culturales parece que amplía el marco de posibilidades existente, en la realidad no difiere ni modifica los derechos que ya estaban recogidos en la Constitución española de 1978.

Ramos Cebrián ha señalado que los derechos culturales podrían adscribirse a tres categorías, «derechos de libertad, de prestación y de participación».[27] Según el autor la primera categoría «encuadraría el conjunto de derechos necesarios para que podamos dar rienda suelta a nuestra creatividad. Por ejemplo, la libertad de creación, de comunicación, de expresión, de cátedra, etcétera».[28] Explica también que los derechos de prestación «garantizarían el derecho de acceso a la cultura ya hecha, es decir, al patrimonio cultural que se encuentra expuesto en museos, archivado en bibliotecas, comunicado en auditorios, etcétera».[29] La última categoría, el derecho a participar de la vida cultural, seguramente

---

[26] Ibídem, p. 156.

[27] Sergio Ramos Cebrián, «Explorando los derechos de participación cultural...», p. 233.

[28] Ibídem, p. 233. Paradójicamente, pese a ser tan central el derecho de libertad de expresión para los derechos culturales, no ha habido institución ni organismo de promoción de estos derechos que haya hecho una oposición clara o se haya manifestado en contra de la denominada «ley mordaza», que claramente recorta los derechos civiles.

[29] Ibídem, p. 234.

es la más amplia e inexplorada de las tres. Este derecho de participación no necesita ser reconocido por nuevos derechos, puesto que ya existe.

El fomento de la participación nos abre interesantes preguntas que seguramente van más allá del ámbito de competencia de la política cultural. Por ejemplo, nos obliga a preguntarnos cuáles son las condiciones que han de darse para que la ciudadanía participe de forma activa en la creación y consumo de actividades culturales. ¿Esto puede producirse en una sociedad con grandes desigualdades económicas? ¿Puede producirse en sociedades en las que operan mecanismos de discriminación en función del género, la raza, el origen social o las capacidades físicas? ¿Puede producirse cuando la cultura del Estado reproduce las estéticas e intereses de solo unos pocos y deja sistemáticamente fuera a las comunidades subalternas, a las nuevas ciudadanías como personas migrantes o desplazadas o espacios y prácticas antagonistas? ¿Es posible que los derechos culturales, en realidad, no sean otra cosa que derechos sociales —o quizás no debieran ser más que eso—?

¿Quién debería ser sujeto de derechos culturales?

En la presente coyuntura es importante repensar quiénes son el objeto y el sujeto de estos derechos. En la actualidad, el concepto de derechos culturales entraña una noción de los derechos de corte liberal, donde se considera a la ciudadanía como un conjunto de individuos que acceden a la cultura de forma individual. Se acaba así reforzando una noción de cultura que se equipara con el consumo pasivo de la misma. Por ejemplo, en el contexto europeo, estos derechos culturales refuerzan la idea de que la cultura es algo distinto y diferenciado de la naturaleza, de la vida social, del tejido urbano o de los mercados inmobiliarios que hacen que nuestra vida sea cada vez más difícil.[30] Los derechos culturales, en lugar de contribuir a fomentar la integración de la cultura en la vida, hacen de estas prácticas algo excepcional que debe ser garantizado, objetivan la actividad cultural y la ponen bajo el cuidado de unas administraciones públicas que serían, al fin y al cabo, quienes tutelan y garantizan el acceso a la cultura.

La centralidad de los derechos de autor y de la autoría individual sigue siendo uno de los indicadores más claros de que estos derechos culturales recogen la tradición de cultura liberal y burguesa cuya autopsia hemos realizado en capítulos anteriores. Al mismo tiempo que se habla de cultura comunitaria, se sigue impulsando la figura del creador individual, fundamental para las industrias culturales y para aquellos modelos empresariales de la cultura que basan parte de su actividad en la explotación de los derechos de propiedad intelectual. Por otra parte, hemos de recordar que, en el Estado español, todos los derechos culturales se enmarcan bajo el derecho de acceso a la cultura, que formalmente presupone que existe una cosa llamada cultura que es ajena al cuerpo, la mente o el vivir de las personas y las comunidades.

Por otra parte, al margen del contexto español, si bien los derechos culturales se consideran útiles a la hora de fomentar la diversidad cultural y el respeto por las culturas minoritarias, la centralidad que asume el Estado a la hora de promover y aplicar estos derechos parece chocar con marcos legislativos propios de las

---

[30] Es interesante ver cómo se exportan los modelos de política cultural desarrollados en Europa a países o contextos con tradiciones y cosmovisiones diferentes. En ese sentido, la tesis doctoral de la activista cultural e investigadora Paola de la Vega constituye un recurso valioso y una aportación muy interesante. Ver De la Vega, *Genealogías para una gestión cultural crítica*, Quito, Universidad Andina Simón Bolívar, 2024.

comunidades indígenas y con las mismas tradiciones culturales de corte comunitario que pretenden defenderse. En su texto *La paradoja de los derechos culturales*, los investigadores Jorge Valtierra, Ricardo Bernal Lugo y Lorena Córdova-Hernández, aun reconociendo el potencial avance que suponen los derechos culturales en términos de apertura y complejización de la noción de cultura y de fomento de la diversidad cultural y el respeto por las culturas minoritarizadas, señalan también que «en los hechos esta retórica ha permitido implementar acciones que, en aras de reconocer la diversidad cultural, terminan produciendo una reinterpretación de las prácticas culturales orientada a fines de promoción estatal o a la obtención de beneficios económicos que no necesariamente favorecen a los grupos que buscan el reconocimiento de su identidad, la visibilización de sus prácticas o el cese del acoso y la violencia por parte del Estado o las empresas privadas». De esta manera, «las iniciativas y procesos a favor de los derechos culturales», sostienen Valtierra, Bernal y Córdova-Hernández, «suelen ser implementados por el Estado sin el consenso de los grupos involucrados, como en el caso de México, donde la participación de los sectores afectados es puesta en segundo plano». Para que ciertas prácticas culturales puedan ser reconocidas como tal y queden amparadas por el marco de los derechos, deben terminar pareciéndose a esa cosa llamada cultura burguesa, que es el verdadero objeto de los derechos culturales. Pese a promover la diversidad, al operar «desde un plano institucional, un modelo económico particular y una visión o cultura ajena a la manifestación o práctica cultural en cuestión», los derechos culturales acaban excluyendo y ninguneando aquellas prácticas que no buscan promover los ideales burgueses, excluyen aquello que no parece bello, docto o útil. Los investigadores no dudan en señalar así la «aparente contradicción» por la que «el reconocimiento de los derechos culturales amenaza la diversidad cultural».[31] Esta estatalización de la función cultural y la acumulación de atribuciones con el pretexto de preservar la diversidad y los derechos culturales es uno de los grandes peligros que conlleva este marco de pensamiento.

Otro de los problemas que se derivan de la aplicación de este marco de derechos de corte liberal en comunidades o tradiciones fuera de la europea es que, con frecuencia, muchos de los derechos consignados ni responden, ni respetan los modelos culturales propios de cosmovisiones que mantienen sistemas de valor distintos. En ese sentido, por ejemplo, los derechos de propiedad intelectual, tan centrales en el marco de los derechos culturales, pueden suponer un problema para aquellas tradiciones en las que prima la oralidad y donde se reconoce que la cultura responde siempre a prácticas de corte comunitario. La creatividad individual, ese constructo ideológico burgués sobre el que se definen los derechos de propiedad intelectual, poco tiene que aportar en los contextos en los que esta no se reconoce. El antropólogo Darell Posey ha examinado este fenómeno abriendo una interesante reflexión sobre la supuesta universalidad de los derechos culturales y cuestionando la forma en que, en realidad, refuerzan un conjunto de valores eurocéntricos.[32] El problema de los derechos culturales combina una noción liberal de derechos con la noción burguesa de cultura que ya hemos explorado.

La filósofa y politóloga estadounidense Wendy Brown advierte sobre una preocupante tendencia en ciertos sectores de la izquierda: la búsqueda de

---

[31] Ver J. Valtierra Zamudio, R. Berna Lugo y L. Córdova-Hernández, *La paradoja de los derechos culturales*, Ciudad de México, Tirant humanidades, 2022, p. 13.

32 Ver el informe *¿A favor o en contra de los derechos culturales?*, UNESCO, disponible en https://unesdoc.unesco.org/ark:/48223/pf0000123891

soluciones a problemas de desigualdad y justicia social
a través de los derechos, dejando de lado una tradición
crítica que cuestiona el papel y las estructuras del Estado. Brown enfatiza que los derechos, al ser parte del
sistema estatal, cumplen funciones normalizadoras y
disciplinarias. Según su análisis, la creencia en que los
derechos son mecanismos efectivos para garantizar la
igualdad y la libertad está profundamente enraizada
en las ideas del proyecto moderno y refuerza la ficción
del sujeto liberal y autónomo, en la cual estos derechos
se basan. El problema, según Brown, es que al abrazar los derechos como herramienta para proteger o
emancipar a los más vulnerables, ciertos pensadores o
activistas «rehúsan considerar el Estado como un vehí-
culo de dominación o reflexionar sobre la "protección"
como técnica de dominación».[33]

A pesar de las críticas a la modernidad que hemos
explorado en capítulos anteriores y que han llevado a
ciertos sectores críticos a poner en crisis su legado, los
derechos siguen profundamente ligados a las nociones de libertad y universalidad que son parte fundamental del desarrollo de la modernidad europea. Los
derechos, en sí mismos, son mecanismos abstractos y,
por lo tanto, carecen de un potencial político o transformador intrínseco. Por esta razón, Wendy Brown nos
advierte que «quienes están interesados en las prácticas políticas emancipatorias de nuestra época se enfrentan, asimismo, a una serie de paradojas en torno a
los derechos quizá sea esta la más importante de todas
ellas: la pregunta por la fuerza liberadora o igualitaria
de los derechos se encuentra siempre circunscrita en
la historia y en la cultura; los derechos no tienen una
semiótica política inherente, tampoco una capacidad
innata para precipitar o impedir el cumplimiento de

---

[33] Wendy Brown, *Estados de agravio*, Madrid, Lengua de Trapo,
2019, p. 71.

ideales democráticos radicales».[34] Dejar la responsabilidad de la transformación social y la erradicación de
las desigualdades a un mecanismo abstracto como los
derechos implica aceptar la lógica neoliberal de convertir problemas políticos en asuntos técnicos, y cuestiones de articulación en problemas de gestión. Paradójicamente, este cambio de enfoque refleja cómo ciertos
sectores de la izquierda han pasado de defender lo común, la autonomía y lo situado, a abrazar lo general, lo
genérico y lo universal.

La ambivalencia inherente a los derechos como herramienta de transformación política radica en el hecho
de que, «si bien los derechos pueden actuar como una
indiscutible fuerza de emancipación en un momento
de la historia [...] en otras ocasiones pueden convertirse en un discurso regulador, un medio de obstruir o
apropiarse de demandas políticas más radicales o, sen-
cillamente, en la más hueca de las promesas vacías».[35]
La retórica que rodea a los derechos implica ceder la representación política a un pequeño grupo de gestores
cuya respuesta a los problemas que enfrentan nuestras
sociedades se basa en soluciones técnicas. Este proceso normaliza los conflictos y los convierte en debates
sobre gestión cultural, eficiencia y la necesidad de buenos políticos que representen los intereses de la ciudadanía. La confianza en el poder transformador de la
política formal y en los derechos puede enmascarar el
hecho de que estos mismos mecanismos pueden servir
para la reproducción social y la conversión de conflictos con potencial de transformación en contenidos culturales. La desigualdad se tematiza y se convierte en
objeto de debate. Se reduce a un problema de gestión
o a un asunto que se puede moderar con el tiempo, y
se aplaza la búsqueda de soluciones concretas con la

---

[34] Ibídem, p. 195.
[35] Ibídem, p. 196.

promesa abstracta de que los mecanismos de derechos y la estructura política actual conducirán eventualmente a una mayor equidad. Sin embargo, esta perspectiva oculta el hecho de que estos enfoques abstractos y generalistas no suelen abordar las raíces estructurales de la desigualdad. Esta dinámica lleva a que las desigualdades se vuelvan «sostenibles» o sus efectos se acaben individualizando. Al delegar la responsabilidad de cambio a gestores y políticos que operan dentro de los límites de un marco institucional que favorece la estabilidad sobre la justicia radical, la retórica de los derechos puede ser utilizada para mantener los conflictos dentro de un ámbito controlado, limitando su capacidad para provocar un cambio significativo. Las desigualdades en el tiempo se cronifican bajo la promesa de ser solucionadas gracias a mecanismos abstractos y generalistas.

Lo que aquí vemos, en definitiva, son instancias en las que los derechos culturales acaban reforzando el poder del Estado y de sus administraciones en detrimento, precisamente, de las formas de organización comunitaria o autónoma. Son situaciones en las que su marco impone un imaginario particular que define lo que constituye «cultura» y deja marginado o minoritarizado aquello que no puede serlo. Por último, y como consecuencia, refuerza también una segregación entre esta cosa llamada «cultura» y lo social, lo económico o lo político, y de esta manera contribuye a identificar la cultura con un sector económico compuesto por el conjunto muy limitado de personas que la producen. Si queremos desarrollar un marco de políticas culturales verdaderamente crítico deberíamos tener en cuenta toda esta problemática.

Mi objetivo, con todo esto, no es cuestionar la necesidad de un Estado cultural que pueda garantizar el acceso a la cultura a la ciudadanía y que, para ello, diseñe planes, medidas o se dote de instituciones. El problema central que quiero plantear aquí es que la propia noción de cultura que subyace a muchas de estas medidas es ya una idea de cultura de clase. Una idea que nace para producir un sujeto pacificado y connivente con el propio Estado y que está puesta al servicio de su reproducción. Y es esto mismo lo que ocasiona que un problema político —cómo enaltecer movimientos emancipadores, transformadores y críticos con el Estado—, se acabe pacificando y normalizando al transformarse en un problema de gestión. De la misma manera que los movimientos abolicionistas no luchan por tener una policía un poco mejor, más amable o más efectiva, la defensa de la autonomía de la cultura no busca ni legitimación ni tutela, que son, en definitiva, los mecanismos que habitualmente ponen en marcha las administraciones para contener y normalizar los conflictos culturales. Si decíamos que, para la Escuela de Frankfurt, el medio (de producción) es el mensaje, también podemos inferir que los medios (administrativos) acaban condicionando lo que se puede o no entender por cultura.

Derechos sociales y culturales

Durante los primeros años del siglo XXI, surgió en Francia un movimiento audaz y singular en defensa de los derechos de quienes trabajan en cultura. Bajo la identidad colectiva de *les intermittents du spectacle* [los intermitentes del espectáculo], una multitud de personas dedicadas profesionalmente a la cultura se unieron para luchar por el reconocimiento de la excepcionalidad que entraña el trabajo cultural. Caracterizado, por lo general, por la precariedad, la intermitencia y la eventualidad, el trabajo cultural carecía de un estatuto laboral adecuado que tuviera en cuenta sus especificidades. El movimiento, conformado por intérpretes,

técnicos, artistas visuales, músicos y personas que trabajaban tanto en la producción como en la realización
de eventos culturales, dio origen a la Coordination des
Intermittents et Précaires [Coordinación de Intermitentes y Precarios], CIP, organización que tenía como
objetivo agrupar a este colectivo en crecimiento y dar
voz a sus necesidades. A través de acciones artísticas,
performances, manifestaciones y huelgas, lucharon
por obtener un estatuto laboral propio que reconociera
sus derechos laborales.

Este movimiento fue un ejemplo destacado de la lucha por los derechos de los trabajadores y las trabajadoras culturales. Puso de relieve la importancia de reconocer y valorar el trabajo cultural en todas sus dimensiones.
Además, sentó las bases para futuras reivindicaciones y
movimientos similares en otros países (que acontecieron
con mayor o menor timidez), en busca de unas condiciones laborales más justas y estables para quienes contribuyen al enriquecimiento de la vida cultural.

Es posible que uno de los aciertos más notables de
este colectivo fuera saber explicitar y articular la impo-
sibilidad que presenta tratar de garantizar los derechos
culturales si no se defienden los derechos sociales. No
hay vida cultural sostenible si no hay una vida laboral
estable. Si se quiere conseguir una escena cultural arriesgada, rica y plural, hay que acabar con la precariedad
y la intermitencia del trabajo cultural. Si no se defienden los derechos de las personas migrantes es imposible
garantizar la existencia de una vida cultural diversa. Si
no se trabaja para eliminar discriminaciones de género
es imposible garantizar una producción cultural pari-
taria. Si no se garantizan los derechos laborales de los
trabajadores es imposible garantizar la buena salud de
unas culturas críticas, experimentales y desvinculadas
de los intereses partidistas o políticos del momento. En
definitiva, no hay derechos culturales sin derechos sociales. La vida de quienes se dedican a la cultura está

estrechamente anclada a unos contextos sociales concretos que determinan y marcan los límites de las escenas culturales. La cultura es un fenómeno material, cruzado y determinado por las condiciones sociales, jurídicas, económicas o laborales en las que se inserta.

Es crucial comprender que, para que sea efectivo, el derecho fundamental de acceso a la cultura —que abarca los derechos de creación, prestación y participación— no puede desvincularse de otros conjuntos de derechos sociales. No tiene sentido que las instituciones garanticen el derecho de prestación —es decir, el acceso a archivos, museos u otros espacios culturales— construyendo importantes colecciones artísticas y museos impresionantes, si la población en general se ve empobrecida y sometida a unas condiciones de vida precarias que van a condicionar el tiempo del que disponga para «disfrutar» del acerbo cultural archivado. Puede que las puertas de los museos estén abiertas, pero si la ciudadanía apenas dispone de tiempo para disfrutar de las exposiciones y las colecciones, estos espacios permanecerán vacíos. El problema del acceso es un problema de clase y de desigualdad social, no de educación.

Del mismo modo, tiene poco sentido incentivar la participación cultural o el diseño de procesos participativos si no se garantizan los recursos y las condiciones que van a permitir que toda la ciudadanía pueda participar en igualdad de condiciones. De lo contrario, todos los espacios que se abran para hacer que la cultura sea más participativa acabarán ocupándolos solo unas pocas entidades y personas cercanas a las administraciones. El problema de la cultura no es simplemente cultural, es económico y, por lo tanto, social.

Es necesario abordar las desigualdades económicas y sociales que limitan el acceso y la participación en la cultura. Esto exige la implementación de políticas que promuevan la redistribución de recursos, poner límites al precio del suelo y a la acción de los conglomerados transnacionales. Igualmente exige la existencia de unas condiciones laborales justas para los trabajadores y las trabajadoras culturales. Solo a través de un enfoque integral y centrado en los derechos sociales será posible lograr una verdadera democratización de la cultura y garantizar que todo el mundo tenga la posibilidad de acceder, crear y participar plenamente en la vida cultural de la comunidad.

Del movimiento francés de los intermitentes podemos aprender una valiosa lección que se resume en uno de sus lemas más populares: «*Pas de culture sans droits sociaux*» [No hay cultura sin derechos sociales]. Los derechos culturales no pueden ser considerados de forma aislada, sino que deben estar estrechamente articulados con los derechos sociales. La lucha por el acceso a la cultura carece de sentido si no se lucha simultáneamente por el acceso a una vivienda digna. La participación cultural es una ilusión si no se establecen mecanismos de transparencia y rendición de cuentas en las instituciones públicas. No tiene sentido promover la paridad en la programación cultural si los techos de cristal que limitan la presencia de mujeres en puestos directivos no se rompen. No podemos hablar de una cultura rica y diversa sin luchar por los derechos de las personas migrantes y racializadas. No podemos hablar de derechos de creación si solo aquellos que provienen de la misma clase económica y grupo demográfico pueden dedicarse a la creación.

Si bien cuando se revisan las ponencias y debates en torno a los derechos culturales fomentados por organizaciones internacionales, como la UNESCO, vemos aparecer de forma reiterada la necesidad de cruzar y combinar derechos culturales con derechos como la participación democrática o derechos sociales, en la realidad de su implementación, debido al diseño administrativo, la cultura se acaba segregando siempre de otras áreas o espacios competenciales. El diseño administrativo limita las posibilidades de implementación de unas políticas públicas transversales. Este es un problema técnico que debería poder resolverse. Sin embargo, el hecho de que la naturaleza de la propia noción de cultura esté tan enormemente tintada de valores y aspiraciones de corte burgués y que eso termine definiendo su función, es un debate político que de momento, y en el contexto europeo, no se quiere asumir. Se habla de descolonizar museos, no de impugnar la propia existencia y función de los mismos. Su papel como reproductores sociales no es, aún, objeto de debate.

Es necesario tener claro que la cultura y los derechos sociales son intrínsecamente interdependientes. Para lograr una transformación real en el ámbito cultural, debemos abordar de manera integral las desigualdades sociales, económicas y de género que perpetúan las barreras de acceso y participación. Solo mediante la lucha conjunta por los derechos culturales y sociales podremos construir una sociedad más justa, equitativa y diversa.

A esto se suma un problema acuciante al que es importante que prestemos atención. En la actualidad, y con la crisis climática que se cierne sobre nosotros, para garantizar los derechos culturales y sociales resulta imprescindible abordar de manera integral las preocupaciones ambientales. La crisis climática y la extinción de las especies amenazan directamente nuestra calidad de vida y el acceso a los recursos básicos. La interconexión entre los derechos sociales y los derechos ambientales también es cada vez más evidente. Para asegurar una buena calidad de vida para las personas es necesario poner fin a los modos de producción extractivistas, a la agricultura de monocultivo y a los enfoques económicos que explotan indiscriminadamente la naturaleza. Debemos poner en crisis el modelo extractivista sobre el que se sustentan los grandes monopolios y oligopolios transnacionales. No nos enfrentamos a una crisis de naturaleza, sino a una crisis de modelo productivo.[36]

Por eso, resulta fundamental desarrollar una visión cultural que no solo sea ecologista, sino también ecológica, y esto implica reconocer la interdependencia entre la cultura, la sociedad y el medio ambiente. Romper la fractura estética. La cultura debe tejerse profundamente con las demandas y necesidades sociales, los conflictos y desafíos del presente, y los retos políticos a los que nos enfrentamos. Si no logramos esta integración, la cultura corre el riesgo de convertirse en algo irrelevante y desvinculado de la realidad, al servicio de la reproducción social de un grupo privilegiado y alejado de las necesidades de la sociedad en su conjunto. Esa cultura bella, docta y útil, que parecen defender las instituciones, se nos está convirtiendo en una cultura fea, tonta y completamente inútil.

---

[36] Jason W. Moore, *El capitalismo en la trama de la vida: ecología y acumulación de capital*, Madrid, Traficantes de Sueños, 2020.

7. Estéticas políticas, la materia olvidada

> El afecto surge en el centro del estar-en-medio: en las capacidades de actuar y ser actuado.
>
> Gregory J. Seigworth y Melissa Gregg,
> *The Affect Theory Reader*.

> Litronear en las plazas es un acto de vandalismo
> Pero también lo es protestar o abrir bares distintos.
>
> Reincidentes, *Vicio*.

En el capítulo anterior hemos analizado cómo se perpetúa cierta noción de cultura una vez se consolida en instituciones, políticas, normas, modelos económicos y fuentes de financiación. Los valores e ideales inherentes a esta concepción de la cultura se materializan por medio de una intrincada red de normativas, instituciones y recursos. Pero la política material de la cultura está siempre acompañada por otra forma de política que, aunque posiblemente menos tangible, es igualmente efectiva: una política afectiva o estética.

Aquí vamos a adentrarnos en el debate sobre lo que significa e implica la irrupción del pensamiento estético, centrándonos en el modo en que ciertos ideales e imaginarios, junto con los valores que los sostienen,

contribuyen a moldear percepciones, anhelos y comportamientos que se cristalizan en forma de subjetividades específicas. Estas subjetividades cumplen, a
su vez, un papel funcional para el Estado y contribuyen a reproducir relaciones de poder y de clase muy
particulares.

Para entender todo esto, en este capítulo vamos a
explorar qué es lo que entendemos por estética y cómo
esta noción trasciende la mera interpretación de las
obras de arte. Defenderemos que la experiencia estética es el resultado de formas muy específicas de conocer, sentir y relacionarnos con la realidad. La estética
implica tanto la organización de nuestras experiencias
sensoriales como su producción, lo que a su vez modula y determina nuestras reacciones y comportamientos.
Finalmente, examinaremos cómo parte del repertorio
estético surgido con la emergencia primero de la burguesía y posteriormente del movimiento romántico
continúa influyendo y definiendo nuestra forma de
percibir y dar sentido a la realidad.

La estética como estructura

A estas alturas sería absurdo negar el poder político
de la estética, esa dimensión sensorial que nos afecta
y nos atraviesa como cuerpo colectivo. En el primer
capítulo, ya nos detuvimos a considerar el acierto de
Raymond Williams al señalar que la cultura da lugar
a «estructuras de sentimiento», es decir, contribuye a
desplegar formas colectivas de entender y percibir la
realidad, formas de dotar de sentido al mundo en el
que vivimos. En este contexto, es importante que nos
fijemos con detenimiento en la idea de «estructura»
que articula la noción propuesta por Williams. Al usar
la expresión «estructura», señala aquello que nuestras

formas individuales de experimentar y sentir el mundo tienen en común. Está manifestando que hemos interiorizado estas estructuras de forma particular, aun cuando siempre sean colectivas. Con ello, Williams nos hace ver que lo que sentimos no surge de la individualidad de cada uno de nosotros, no es una expresión natural de nuestra interioridad, sino que responde a patrones, dinámicas y corrientes sociales que interpelan al conjunto de la sociedad. Aquello que sentimos está estructurado socialmente, pese a que, al vivirlo de forma íntima, normalmente consideremos que es algo que surge de forma espontánea de nuestro interior.

Estas experiencias sensibles del mundo, que nos permiten ponernos en relación con otros humanos, con fenómenos, con objetos artísticos o con entornos naturales son, en definitiva, experiencias estéticas. Por estética nos vamos a referir aquí al conjunto de disposiciones y afectos que nos permiten ponernos en relación con el mundo y sintonizar con él.[1] Es la dimensión que opera entre cuerpos y entre fenómenos. Es donde cristalizan las estructuras de sentimiento, en esa dimensión del conocer que no es estrictamente lógica ni racional. En la dimensión estética se consolida la experiencia colectiva de la realidad, es decir, se estructuran y cristalizan los gustos y las preferencias, los sentires generales, es ahí donde podemos dar cuenta de los afectos que nos atraviesan. La paradoja de la estética es que su experiencia, pese a que opera siempre sobre lo colectivo, nos interpela directamente de forma individual. En ese sentido, la experiencia estética es normativa, pues es el gusto colectivo vivido como una inclinación particular. Y la potencia de la norma estética —su capacidad de hegemonizar anhelos, gustos,

---

[1] Para ahondar en la idea de la estética como formas de sintonizar con el mundo ver Timothy Morton, *All Art Is Ecological,* Londres, Penguin, 2021.

preferencias y sensibilidades— reside precisamente en esta habilidad para pasar desapercibida. Las estructuras de sentimiento deben permanecer invisibles. La norma estética debe vivirse como una experiencia particular, pese a que nadie puede ni debe decirnos cómo deberíamos sentir ni cómo subjetivar una experiencia concreta. En su momento, esto llevó a Kant a postular que la estética debía ser una suerte de ley sin ley.[2] Las experiencias estéticas son universales pese a acontecer en algún lugar remoto de nuestra individualidad.

La estética no se presenta como un artefacto político ni se puede enunciar a sí misma como tal. Debe vivirse como una experiencia individual que surge al ponernos en relación con objetos, personas o actividades ajenas. Por ello, cuanto más se haga pasar por lo común, por lo corriente, por lo ordinario, por lo normal, mayor fuerza tendrá para conformar y establecer los gustos e imaginarios grupales. Para ser realmente efectiva, la hegemonía tiene que pasar siempre desapercibida. Tiene que ser normal. Tiene que hacerse pasar por lo inevitable, por eso las estéticas tienden a buscar dicha hegemonía. Así, nuestras experiencias estéticas acontecen durante momentos de la vida cotidiana. Se nos presentan como gustos, como preferencias, como los desagrados que marcan una vida ordinaria. No obstante, no podemos olvidar en ningún caso que el reverso menos amable de la cultura ordinaria es, precisamente, que suele ser tremendamente normativa. A raíz de esto, la voluntad de preguntarse por cómo operan las

---

[2] En su obra *Crítica del juicio*, Kant desarrolla una teoría estética en la que argumenta que el juicio estético se basa en la facultad del «gusto» y no en reglas objetivas o en leyes determinadas. En este sentido, la estética se presenta como una «ley sin ley», pues no existen reglas fijas y universales que determinen lo que es bello o sublime pero, por otra parte, ese gusto sí debe ser compartido con el resto de ciudadanos y, por tanto, debe ser colectivo, sin que haya norma que pueda hacer que así sea.

estructuras de sentimiento no responde a un interés por la exploración de la interioridad, sino que es una forma de entender cómo se expresan los demás a través de nosotros. Cómo lo normativo determina nuestra experiencia de la realidad.

Estas estructuras de sentimiento están presentes tanto en las culturas burguesas como en las culturas proletarias. Algunas son más evidentes o han conseguido normalizarse con más rapidez que otras. Aun así, en las culturas comunitarias y populares no dejan de aflorar patrones, normatividades y hábitos que dan lugar a procesos de inclusión y exclusión estética. Cuando se normalizan ciertos imaginarios es siempre a costa de marginar otros. Por ello hay hegemonías estéticas y hay formas de señalar a quien no se comporta o siente «de forma apropiada». La estética no es inocente. La estética siempre está cruzada por ideas hegemónicas, formas de sentir compuestas y sensibilidades adquiridas. La estética siempre es política. Por esta misma razón, cualquier partido político o iniciativa que se despreocupa de la estética, está por lo general sosteniendo y perpetuando estéticas conservadoras. No explicitar la importancia de la estética no implica que dejemos de estar condicionados por la misma. Por ello, podríamos afirmar sin ninguna duda que hay muchos que son progres en lo político y tremendamente conservadores en lo estético.

La estética como ideología

Hablar de estética, como vemos, no es trivial. No supone tan solo hablar de nuestra relación con los objetos artísticos o culturales.[3] No se trata únicamente de la

---

[3] Para un debate en profundidad en torno a la escisión entre estética, política y arte ver J. Rancière, *El malestar en la estética*, Madrid, Clave Intelectual, 2012.

manera en la que el gusto se estructura y se desarrolla, sino también de las herramientas, sensaciones y percepciones que una clase social específica puede generar y consolidar para perpetuarse y mantenerse a lo largo del tiempo. «Si la categoría de lo estético asume la importancia que tiene en la Europa moderna es porque al hablar de arte habla también de todas estas cuestiones, que constituyeron el meollo de la lucha de la clase media por alcanzar la hegemonía política», dice Terry Eagleton.[4] Con el objetivo de sostener y reproducir su espacio social, las diferentes clases deben crear y promover unas estructuras de sentimiento determinadas. Las clases dominantes deben normalizar su repertorio estético y por esa razón demuestran tanto interés en hacerse con las instituciones y entidades culturales que pueden poner al servicio de la modulación del gusto compartido.

Hablar de estética implica, por tanto, abordar tanto el repertorio de sensaciones, percepciones y reacciones que desplegamos cuando nos vemos ante un fenómeno concreto como hablar de la clase social que busca universalizar su forma de sentir y de hacerse cargo de la realidad, y que para ello perfila y define unas estructuras de sentimiento concretas. En esta dimensión estética, se entrelazan los gustos, necesidades y deseos de los demás y adquieren una expresión a través de nosotros mismos. Es el guion normalizado que nos pauta cómo podemos hacernos cargo de la realidad que hemos interiorizado. A su vez, es donde se establecen los límites de lo que podemos percibir y sentir. Es el dial que nos dice cómo podemos sintonizar con el mundo. Modula nuestra experiencia determinando qué cosas podemos llegar a percibir y cómo las podemos experimentar internamente.

---

[4] T. Eagleton, *La estética como ideología,* Madrid, Editorial Trotta, 2006, p. 53.

Como argumenta el filósofo Alva Noë, «hablar y ver, pueden ser actividades problemáticas, puesto que son actividades organizadas con capacidad de gobernar sin el consentimiento de quienes son gobernados».[5] Es decir, muchas veces somos hablados, somos sentidos, somos actuados, por registros estéticos que hemos adquirido y sobre los que, por lo general, no tenemos mucho control. Por motivos similares, analizando la dimensión política de la estética, Terry Eagleton ha señalado que «el sujeto burgués debe apechugar con la carga de su propio gobierno interiorizado».[6] Somos gobernados, es decir, nuestras conductas están determinadas por aquello que creemos que surge de nuestra más íntima interioridad: por nuestros gustos, nuestros deseos, nuestros imaginarios de aspiración y de necesidad.

Cuando Noë dice que hablar, bailar o percibir son actividades organizadas, se refiere a que cada acto de habla, gesto o emoción que expresamos ya han sido manifestados o creados previamente. Nuestros cuerpos se encuentran inmersos en una red de disposiciones y sensaciones que son el resultado de experiencias, gestos y sensaciones pasadas. El autor sostiene, de nuevo, que la estética no se limita a la apreciación de obras de arte, sino que está vinculada a la forma en que interactuamos con el mundo. Se trata de cómo desarrollamos un repertorio de expresiones, reacciones y emociones, así como un registro sensible que ponemos en práctica y performamos al entrar en contacto con diversos seres, objetos o eventos que conforman nuestra vida cotidiana. La estética influye en nuestra manera de percibir el mundo y en cómo los fenómenos y actividades que nos rodean impactan en nuestros sentidos y emociones.

---

5 Alva Noë, *The Entanglement: How Art and Philosophy Make us What We Are*, Nueva Jersey, Princeton University Press, 2023, p. 12.
6 Eagleton, *La estética como ideología…*, p. 77.

Nuestro repertorio estético está profundamente marcado y cruzado por ideas, palabras, gestos y emociones que otros han expresado con anterioridad. En este sentido, está condicionado por las relaciones de clase, género, raza, o por los imaginarios de deseo y de poder de muchas otras personas. Esta estética despliega aquello que otros consideraron antes que nosotros que era el mejor de los mundos, el que más se adaptaba a sus necesidades. Por esta razón, en nuestro repertorio sensible, en las maneras en cómo sentimos y reaccionamos al mundo, habitan múltiples valores y visiones políticas que se han naturalizado y transformado en expresiones de nuestra intimidad. La forma en que reaccionamos ante imágenes de guerra o de violencia, o frente a gestos, palabras o *inputs* de los demás, está mediada por experiencias estéticas. El deseo y el placer también lo están. Implican sensorialidad y esta determina cómo subjetivamos nuestras experiencias. Nuestro repertorio estético condiciona nuestras reacciones y las formas que tenemos de hacernos cargo de la realidad que nos rodea, así como de las experiencias que acontecen en el vivir. Nuestro repertorio estético nos habilita a percibir ciertos mundos, pero también oculta otras formas de ver y sentir la realidad.

Aprendemos a hablar, a percibir o sentir gracias a que muchas personas ya lo han hecho antes que nosotros. Vamos conformando un repositorio estético, o un sensorio,[7] que nos predispone a reaccionar o percibir la

---

[7] Si bien es verdad que en castellano esta noción no es de uso común, en las páginas que siguen, inspirados por las ideas de Marshall McLuhan y la teoría de medios, haremos uso del término sensorio para referirnos al aparato de percepción de un organismo considerado en su conjunto. Este aparato articula e incluye la capacidad de sentir, percibir e interpretar información sobre el mundo que nos rodea a través de las facultades de la mente, los sentidos, la percepción fenoménica y psicológica, la cognición y la inteligencia.

realidad de una forma determinada. Según Noë «el habla y el pensamiento se han enredado entre sí»,[8] pues pensamos con palabras y hablamos lo que pensamos. Es difícil pensar más allá de los conceptos disponibles. La creatividad reside en esa capacidad de producir nuevas palabras, imágenes o sensaciones para cosas que ya conocemos pero que necesitamos re-conocer de forma diferente.[9] En ese sentido, cultura y estética operan de forma interdependiente. Frente a un mundo complejo y cambiante, nuestro repertorio estético nos permite enfocar y entender algunos fenómenos. La introducción de nuevos imaginarios culturales, relatos y prácticas sociales puede expandir o transformar nuestra manera de percibir la realidad. Por ejemplo, al desarrollar una sensibilidad más aguda hacia los colores, el mundo se nos revela en una paleta más vibrante y rica. Del mismo modo, al ser capaces de experimentar emociones más complejas, nuestra percepción del comportamiento humano se enriquece con nuevos matices y perspectivas. En ese sentido deberíamos tener la obligación ética de luchar contra la reactividad de nuestros repertorios estéticos. De incorporar nuevas formas de pensar-sentir la realidad.

Esta perspectiva en torno a la función de la estética nos aparta de aquella concepción que situaba a los seres humanos como observadores distantes del mundo, que tenían la misión de entenderlo, interpretarlo (y, posteriormente, dominarlo), y que así establecía la dicotomía natura-cultura. Percibir, sentir o nombrar no

---

8 Alva Noë, *The Entanglement...*, p. 62.

9 En su libro *¿Qué es la filosofía?*, Deleuze y Guattari defendían que hacer filosofía es inventar nuevos conceptos que nos permitan desplegar nuevas miradas sobre cosas que ya conocíamos. Esta necesidad de re-conocer es importante cuando va acompañada de prácticas que permitan hacerse cargo y transformar materialmente estos nuevos conceptos. Ver G. Deleuze y F. Guattari, *¿Qué es la filosofía?*, Barcelona, Anagrama, 1993.

son simplemente actos que ocurren frente a una realidad neutra que está ahí delante, aguardando a ser
comprendida. Se trata, más bien, de que producimos
el mundo al interactuar con él.[10] Nuestra capacidad
de atención moldea la manera en la que la realidad fenoménica se nos presenta: ya sea repleta de detalles o
reducida a destellos e imágenes preconcebidas. Estamos constantemente co-creando la realidad a través de
nuestra intra-acción con el mundo y con ello, condicionando y co-produciendo la realidad que vivimos.[11]
Los vínculos que establecemos, ya sea con personas o
con cosas, con colectivos o con entornos están profundamente marcados por nuestro repertorio estético. La
estética es precisamente la dimensión en la que afec-
tamos y somos afectados. Por eso la estética es inhe-
rentemente política, pues influye en cómo percibimos,
sentimos y actuamos en el mundo: nos proporciona herramientas para ver ciertos aspectos mientras que nos
oculta o invisibiliza otros. La estética funciona como
una especie de máquina abstracta que nos permite enfocarnos en elementos específicos y reconocerlos como
relevantes.[12] Dependiendo de cómo esté configurado
nuestro sensorio, tendremos mayor o menor capacidad
para atender y comprender la realidad que nos rodea.
De percibir injusticias cuando nos las encontremos o
atender a las necesidades de los demás. Si nuestros

---

[10] Para profundizar en esta cuestión, recomiendo leer los trabajos
de Francisco Varela y, en concreto, *Ethical Know-How: Action, Wisdom, and Cognition*, California, Stanford University Press, 1999; o
F. Varela, E. Thompson y E. Rosch, *De cuerpo presente*, Barcelona,
Gedisa, 2011.

[11] Para un debate más en profundidad sobre las diferencias de
interactuar y intra-actuar puede verse Karen Barad, *Meeting the
Universe Halfway: Quantum Physics and the Entanglement of Matter
and Meaning*, Durham, Duke University Press, 2007.

[12] Sobre la función de la atención y su capacidad de hacer percep-
tible ciertos aspectos de la realidad ver Evan Thompson, *Waking,
Dreaming, Being*, Nueva York, Columbia University Press, 2017.

sensorios están replegados sobre nosotros mismos, difícilmente seremos capaces de captar y atender lo que otros sienten o necesitan.

Estos sensorios o repertorios estéticos se construyen en el tiempo. Tienen historias y genealogías determinadas. El teórico cultural Terry Eagleton sostiene en su libro *La estética como ideología* una hipótesis arriesgada y por ello interesante: que la estética es el componente simbólico y afectivo que ayuda a consolidar ciertas miradas y comportamientos y, por tanto, es un componente central en cualquier proceso de reproducción social. La estética produce arreglos sociales puesto que nos indica cómo debemos sentirnos, *ergo* comportarnos en situaciones específicas. La estética siempre está en relación con los intereses de ciertos grupos sociales que han conseguido reproducir y, a la larga, imponer sus repertorios estéticos sobre otros grupos sociales. En ese sentido, hablar de estética implica examinar el repertorio normalizado de afectos, sensaciones y emociones del que nos dotamos para darle sentido e interactuar con el mundo. En ese sentido, es filosofía del cuerpo.[13] Es el aparato que literalmente nos dispone en y hacia el mundo.

La estética es el sensorio que moldea nuestras respuestas emocionales. En la actualidad —y retomando el planteamiento que avanzaba al principio de este libro— representa el conjunto de disposiciones, gustos, intereses, deseos, miedos y creencias que hemos heredado de toda una serie de luchas burguesas por ocupar un lugar central en la historia de Europa. Estos elementos se encarnan en nosotros, moldeando nuestra percepción y experiencia del mundo, y a través de nosotros se manifiestan. En este sentido, la estética

---

[13] Literalmente Eagleton escribe que «la estética nace como un discurso del cuerpo» en Terry Eagleton, *La estética como ideología...*, p. 65.

nos proporciona una ventana para comprender cómo la burguesía y, posteriormente, las clases medias, han normalizado su visión del mundo y han influido sobre la percepción de que el suyo es el único mundo en el que podemos o debemos vivir. Son máquinas de normalización interiorizadas.

Eagleton explica que, en los albores de la formación de los Estados nación europeos y con el ascenso de la burguesía como protagonista de la transformación de los reinos y territorios feudales en naciones democráticas, la desaparición de un poder totalitario hizo necesario el establecimiento de marcos legales, constituciones y ordenamientos jurídicos con el fin de organizar la sociedad y regular el comportamiento de las personas dentro de esos nuevos Estados. Se buscó en la ley una forma de organización racional, concebida como un instrumento de gestión casi científica de la sociedad, en consonancia con la creencia ilustrada en la ciencia y la razón como las herramientas perfectas para comprender el mundo. Y si bien lo jurídico, la ley que seguía y operaba según patrones lógicos y racionales, podía ordenar lo social, necesitaba un complemento, un marco normativo un poco diferente que fuera capaz de hacerse cargo de lo irracional. Un nuevo tipo de ley que pudiera ordenar lo que las personas sentían en su interior. Una ley capaz de armonizar el sentir general y ponerlo en sintonía con los intereses y la dirección que estaban tomando los nuevos Estados.

La estética, descrita por el filósofo Alexander Baumgarten en 1750 como una ciencia menor, vendría a ocupar este vacío. Decíamos que los recién creados Estados necesitaban dotarse de algún método o herramienta para acceder a la interioridad de las personas, o de producir una interioridad acorde con sus propios intereses. Baumgarten, que también tenía interiorizadas las máquinas de normalización de su época y cuya perspectiva de género dejaba mucho que desear, explica que la estética «es la "hermana" de la lógica, una especie de ratio inferior o analogía femenina de la razón en el nivel inferior de la vida de las sensaciones».[14] Si la ley, abstracta, universal y racional constituye el gran orden de los Estados, la estética viene a ocupar el pequeño orden interno de las personas. No se puede legislar el gusto, pero sí contribuir a unificarlo, a armonizarlo, a estructurar un sentir colectivo capaz de reproducir los intereses de los nuevos Estados. Y si la filosofía se centraba en lo lógico, en lo racional y en lo universal, la estética surgió para hacerse cargo de lo sensible, lo corporal, lo particular. Como explica Ben Highmore, «el trabajo de Baumgarten reconoció que la preocupación tradicional de la filosofía por el pensamiento lógico y conceptual simplemente dejaba de lado territorios enteros de la vida».[15] El cuerpo, las emociones, los sentimientos o el gusto ocuparon un lugar central en esta nueva corriente de pensamiento.

La estética es un extraño dispositivo que nos permite sintonizar con las frecuencias que nos rodean. Orienta e inclina nuestro cuerpo hacia ciertas disposiciones específicas.[16] Nace para poder explorar vínculos, para entender cómo el mundo social y fenoménico impacta en los cuerpos y los condiciona. «La estética, en sus inicios, se preocupaba principalmente por las experiencias materiales, por la forma en que el mundo sensorial es recibido por el cuerpo sensible y por las fuerzas afectivas que se generan en tales encuentros».[17] El cuerpo siente y experimenta el mundo a través de

---

[14] Citado en ibídem, p. 68.

[15] Ben Highmore, «Bitter after Tase: Affect, Food, and Social Aesthetics» en Melissa Gregg y Gregory J. Seigworth (eds.), *The Affect Theory Reader*, Durham. Duke University Press, 2010, p. 121.

[16] Para ahondar en esta idea de estética como orientación es importante ver Alva Noë, *The Entanglement*...

[17] B. Highmore, «Bitter aftertaste: Affect, food, and social aesthetics» en *The Affect Theory Reader*..., p. 121.

categorías estéticas que ha aprendido previamente.
Se expresa como una suerte de ley del gusto que hemos aprendido y naturalizado, una ley no escrita que
nos permite hacernos cargo de las experiencias y de
los afectos. Así lo que uno siente y percibe, o lo que a
uno le gusta o interesa, debe de experimentarse como
algo que fluye del interior de uno mismo. No puede
sentirse como una imposición, para eso ya están la ley
y la justicia. Los garantes del orden explícito deben ir
acompañados de garantes de orden implícitos. Como
explica Eagleton, el nacimiento de la estética ayuda a
juntar estas dos dimensiones, la de lo social, que se regula desde afuera, y la de lo personal, que se regula
desde dentro. Con la introducción de la estética se con-
cluye el «desgarramiento entre el individualismo ciego
y el universalismo abstracto, el sujeto renacido vive su
existencia, podríamos decir, estéticamente, de acuerdo
con una ley que ahora está por completo de acuerdo
con su ser espontáneo».[18] El poder de la estética reside
así en hacer creer al sujeto que su gusto, sus inclinacio-
nes, sus deseos o intereses afloran de su interior. Son
expresiones sinceras de su subjetividad, que es única y
diferente de las de los demás.

Se trata, como señala Eagleton, de «un sujeto que,
como la propia obra de arte, descubre la ley en las profundidades de su propia identidad libre y no ya en
algún opresivo poder externo».[19] Así se consigue que
la estética devenga ideología, cuando «estar de acuerdo con la ley significa estar de acuerdo con la propia
interioridad».[20] La ley ya no es externa, se expresa a
través de cómo organizamos lo que sentimos frente al
mundo fenoménico. Al normalizar comportamientos

---

[18] Terry Eagleton, *La estética como ideología*, Madrid, Editorial Trotta, 2006, p. 76.
[19] Ibídem, p. 73.
[20] Ibídem, p. 73.

y homologar formas de sentir y respuestas emocionales, la estética compone lo social desde el interior del
cuerpo de las personas. Desde la sensación y la vivencia. Desde esa convicción profunda que tenemos todos
de que somos dueños de nuestros deseos, emociones
y sentimientos. De que somos auténticos, originales,
singulares, dueños de nuestro deseo y placer. Desde
ahí opera la estética. Por eso es tan importante para la
construcción del sujeto liberal burgués, libre de vínculos y de dependencias.

Si en este libro se impugna la idea de cultura burguesa, no es porque en un gesto de rebeldía clásico de
izquierdas considere que todo lo que huele a burgués
debe ser erradicado de la Tierra. Lo que me interesa
señalar es que la cultura burguesa es una poderosa
máquina de producción de registros estéticos, de formas de sentir y actuar acorde con unos intereses muy
concretos. El interés de la burguesía por reproducirse
y normalizarse es el mismo interés que está normalizando los gustos de las clases medias, que los ponen en
sintonía con la ley no escrita de las sociedades capita-
listas neoliberales. Impugnar la cultura burguesa es así
una forma de poner en crisis el orden social, económico
y político que promueven las estéticas que hemos heredado e integrado en nuestro sensorio actual. Es poner
en crisis las subjetividades que esta promueve y las formas de vida que permite y acaba imponiendo.

La importancia política de la estética no radica solo
en su capacidad para generar imaginarios, sino también en su habilidad para evocar registros sensibles,
influir en nuestras disposiciones corporales, e incluso
en la formación de miedos y anhelos. La estética tiene
el poder de moldear nuestra experiencia ante eventos
específicos, de condicionar la manera en que interiori-
zamos ideas y estímulos, y de subjetivar nuestras vivencias y determinar nuestras acciones en respuesta a
ellas. Por ello es crucial examinar y reevaluar, desde un

activismo cultural, nuestros modos de sentir —nuestros repertorios sensibles y nuestras reacciones emocionales ante el mundo que nos rodea— y no solo nuestra forma de crear imaginarios. El placer o el asco, por ejemplo, no son simplemente respuestas automáticas, sino que están condicionadas por una serie de influencias previas, incluyendo imaginarios y repertorios estéticos que hemos interiorizado a lo largo del tiempo.

Si la estética, como planteamiento, sirve para reproducir la clase, y si en la actualidad las clases medias se han hecho con el control de las industrias culturales —si apenas hay personas de clase trabajadora, de orígenes humildes, migradas o racializadas en el entorno industrial de la cultura—, nuestros afectos, imaginarios y repertorios estéticos se verán siempre reproduciendo las reacciones sensibles más funcionales y operativas para cierto modelo de desarrollo social y económico. La ausencia de todos estos grupos en los espacios de producción simbólica repercute en cómo se generan hegemonías e imaginarios compartidos. Cómo se normalizan los gustos y se organizan las vidas. Cómo se producen ciertos anhelos y se invisibilizan otros.

Registros estéticos hegemónicos

El proyecto de normalización implícito en los registros estéticos de la cultura burguesa consolidó desde sus orígenes tres líneas estéticas que hoy siguen no solo vigentes, sino que operan de forma hegemónica. Arnold Hauser, como antes se ha mencionado, describía estas líneas como el individualismo, el subjetivismo y el emotivismo.

La función política de las estéticas en torno al individualismo está ya suficientemente clara, responde a una doble desarticulación: tienen la misión de, por un lado, diferenciar al sujeto burgués del aristócrata —que estaba legitimado desde que nacía por su linaje y sus vínculos sanguíneos— y, por otro, diferenciar a esa emergente clase social (la burguesía) del pueblo llano y de sus culturas comunitarias articuladas en torno a narrativas, voces e imaginarios colectivos. En esta estética burguesa, prima el individuo sobre el grupo, los intereses personales sobre los colectivos y la preferencia individual sobre el compromiso social. Las críticas marxistas a la novela, por ejemplo —tal como señala Jaime Vindel en su *Cultura fósil*— se centraban en el hecho de que constituía «un género burgués, prototipo de una experiencia estética que entreveraba el privilegio de la intimidad y el desdén por la multitud».[21] Estas estéticas de la intimidad, de lo propio y de lo diferente han devenido hegemónicas. Impregnan géneros musicales, fílmicos o literarios (como la autoficción, la biografía o el autoensayo por ejemplo). Esta producción sensible del individuo ocupa un papel crucial en el proyecto de entender cómo se han configurado tanto la producción del creador individual como la experiencia de quien consume la cultura. En definitiva, la producción del sujeto que se individualiza a través de sus preferencias y gustos y se diferencia de otros individuos por medio de su experiencia estética.

Esta percepción creciente de la realidad diferenciada —estrechamente vinculada con el individualismo— que emanaba de la creación de gustos e imaginarios particulares, dio pie al surgimiento del subjetivismo, es decir, a la percepción y expresión del mundo exclusivamente desde la experiencia singular y subjetiva. El movimiento cultural que contribuyó verdaderamente a fomentar esta corriente estética de puesta en valor de la percepción subjetiva fue el romanticismo. Frente a la racionalización que, marcada por la aparición

---

[21] Jaime Vindel, *Cultura fósil*, Madrid, Akal, 2023.

de la palabra objetividad a mediados del siglo XVIII, atravesaba todo el continente europeo como una corriente hegemónica, el Romanticismo puso en valor la experiencia individual, única y particular, que singularizaba la subjetividad.[22] Este fenómeno se popularizó, posteriormente, con la llegada de las vanguardias artísticas, movimiento artístico y cultural en el que la subjetividad del artista primaba por encima de la veracidad o continuidad con lo representado. Así, la experiencia subjetiva de la realidad se fue transformando en fuente de legitimidad y autenticidad.

Es posible que hoy hayamos alcanzado una cota desorbitada de subjetivismo en la que la visión particular del mundo, la subjetivación de la realidad —«mi» verdad—, se defiende como incuestionable y en la que poner en crisis una visión particular parece que conlleva impugnar la totalidad de la persona que la ha expresado. Esto ha producido toda una serie de formas de identitarismo y totalitarismo de lo particular. Lo que siente el sujeto individual es lo que «es» y poner en crisis aquello que siente otra persona se vuelve controvertido, desencadenando como reacción toda una suerte de gestos de afirmación moral contemporáneos. La experiencia subjetiva individual del mundo se vuelve paulatinamente fuente de legitimidad, autenticidad y verdad. Sin tener en cuenta el carácter hegemónico de esta estética, en la que lo que uno siente o ha sentido se hace indiscutible, sería muy difícil explicar la proliferación contemporánea de contenidos narrados desde la experiencia subjetiva: ya sea en formatos como la autoficción o en los canales de gamers o twitchters que relatan la realidad constantemente en primera persona. Paradójicamente, como hemos visto en las páginas anteriores, las conformaciones estéticas de la

---

[22] Sobre cómo se vincula el romanticismo con la invención del yo, recomiendo la lectura de Andrea Wulf, *Magníficos rebeldes: los primeros románticos y la invención del yo*, Madrid, Taurus, 2022.

realidad, los sensorios y la experiencia particular, están moduladas de forma colectiva. La subjetividad nunca es individual, es fruto de un campo de tensiones y de experiencias compartidas. Eso es lo que hace que, por muy particulares y diferentes que se sientan las personas, muchas de estas subjetividades individuales sean extremadamente parecidas entre sí.

Por último, la gran corriente estética que impulsó el nacimiento de la cultura burguesa es el emotivismo. El emotivismo es lo que nos permite dar una dimensión moral a esas experiencias subjetivas que acabamos de describir. El sujeto individualizado, y fuertemente consciente de su experiencia subjetiva, pasa el mundo fenomenológico y social que le rodea por el tamiz de lo que siente. Para este sujeto, y en ausencia de un marco moral firme para juzgar ese mundo exterior, las emociones —el placer o el dolor, la satisfacción o la frustración, la tristeza o el entusiasmo— se vuelven indicador de lo que está bien y lo que está mal, el único indicador moral válido. Por supuesto, desde esa posición se vuelve cada vez más difícil pactar relatos colectivos, politizar los malestares, en tanto las emociones individuales amurallan una forma de experiencia cada vez más particularizada. Según el filósofo británico Alasdair MacIntyre, en la actualidad el emotivismo «es la doctrina según la cual los juicios de valor, y más específicamente los juicios morales, no son nada más que expresiones de preferencias, expresiones de actitudes o sentimientos, en la medida que estos posean un carácter moral o valorativo».[23] Es decir, para poder establecer lo que está bien y lo que está mal necesitamos determinar en primer lugar cómo nos hacen sentir las acciones de otra persona en relación con nosotros. De igual forma, nos obliga a preguntarnos cómo afectan nuestras acciones al bienestar de los demás. En

---

[23] Alasdair MacIntyre, *Tras la virtud*, Madrid, Austral, 2020, p. 26.

este marco de pensamiento se desplaza la idea de que existen una serie de elementos externos objetivos que puedan guiar la conducta, conceptos como la honradez, el coraje, la compasión, la generosidad, etcétera, y se ponen de relieve los sentimientos y las emociones internas como fuente de verdad. Paradójicamente muchos de estos valores, ahora ya inoperantes, servían para entender y procurar el bienestar de los demás. El emotivismo se repliega sobre el bienestar propio.

Según este marco conceptual, la brújula definitiva que guía nuestra conducta radica en cómo nos sentimos al realizar ciertas acciones o cómo nos afectan y hacen sentir las acciones y palabras de los demás. Con ello el otro deviene un obstáculo, un problema o fuente de conflicto que amenaza mi derecho particular de estar bien. Por ello, en sociedades precarizadas, los conflictos sociales se acaban percibiendo como problemas interpersonales. Somos incapaces de entender el carácter estructural de nuestros malestares, en la medida en que hemos naturalizado esta idea de que lo que sentimos depende de lo que dicte nuestro mundo interior. Curiosamente, lo que sentimos, nuestro repertorio estético, como venimos subrayando, no es particular. Aprendemos colectivamente a sentir y dar sentido a la realidad. Esta corriente estética incide en la particularización, la individualización y la sensación de que lo íntimo es un eje de verdad incontestable. Con ello perdemos de vista los conflictos que se podrían transformar colectivamente y nos centramos en los conflictos interpersonales, que se multiplican por doquier.

El emotivismo sitúa en el centro del debate al sujeto individual y transforma sus emociones (subjetivas) en el marco de interpretación de las acciones (objetivas). Las cosas que nos hacen sentir bien, puesto que nos acercan a la felicidad, deben de ser moralmente buenas. Al contrario, las que nos hacen sentir mal no pueden serlo. Con esto, las experiencias que nos producen un sentimiento

de ambigüedad, incertidumbre o que escapan a nuestros repertorios estéticos se viven como una fuente de
malestar. Otro problema que introduce el emotivismo es
que dificulta que podamos pactar o acordar qué supone
hacer el bien o el mal a otras personas. Al final las emociones son particulares y cambiantes, por lo que puede
ocurrir que frente a una misma situación o contexto dos
personas sientan cosas diferentes. Una vivencia sincró-
nica no tiene por qué ser compartida. Pactar relatos colectivos implica salir de los marcos individualizantes en
los que prima el subjetivismo; implica explorar marcos
estéticos que nos permitan conectar y vincularnos de
forma compleja con la realidad.

El gran problema que nos presenta el emotivismo es
que en muchas ocasiones lo que sentimos nos resulta
totalmente opaco. Nuestras emociones pueden ser con-
tradictorias o ambivalentes. Lo que deseamos un día
no tiene que ser lo que queramos para el día siguiente.
Lo que nos gusta por la mañana no es lo mismo que
lo que nos gusta por la noche. Las experiencias se van
resignificando a medida que las vamos integrando en
un marco narrativo con el que las dotamos de sentido.
Muchas veces, el valor de las cosas que nos pasan, lo
aprehendemos *a posteriori*. Cosas que en su momento
nos gustaron, con el tiempo pueden devenir experiencias desagradables. Acciones que en su momento nos
parecieron un obstáculo a nuestros intereses se pueden
acabar perfilando como detonantes de cambios posi-
tivos en nuestra conducta. Constituir lo que sentimos
como fuente de la verdad y legitimidad de nuestros juicios y de nuestras acciones es arriesgarnos a que nuestro concepto de lo bueno y de lo malo sea volátil y parcial, carezca de rigor, vaya variando constantemente.
Nuestra experiencia de la realidad estará condicionada
por los registros estéticos que hemos heredado. Así,
unas corrientes estéticas que surgieron para impugnar el racionalismo y los estrictos marcos de la lógica

nos obligan hoy a dotar de valor-verdad a las formas en las que subjetivamos la realidad. A dar por buenas estructuras de sentimiento que, en realidad, han sido creadas por ciertas élites para reproducir sus privilegios y su posición social. Damos por hecho que lo que sentimos surge de nuestro interior, sin pararnos a constatar el punto hasta el que nuestros repertorios estéticos son y siempre han sido formas de organización sensible producidos para reproducir los intereses de una clase social determinada. Al sentir y experimentar la vida de maneras específicas, reproducimos estructuras de clase.

Los anhelos, imaginarios o pánicos morales de las clases medias no tienen por qué ser y condicionar las vivencias de los demás. Romper con su régimen estético implica empezar a imaginar nuevas formas de organizar la vida, instaurando nuevos valores y escenarios colectivos de deseo. Para ello, primero hay que escapar del individualismo que hace que gran parte de nuestros relatos e imaginarios giren y promuevan la idea de un yo independiente, importante y recalcitrante. Hay que escapar de las narrativas que nos repliegan sobre nosotros mismos y sobre nuestras experiencias para aprender a sintonizar con las necesidades de los demás.

Salir de nosotros mismos

Como vemos, estos tres horizontes estéticos confluyen en la emergencia de una noción de cultura puesta al servicio de la creación de un sujeto individualizado. Su culminación política es un ser que se encuentra desapegado del mundo, replegado y volcado sobre su intimidad e interioridad.[24] Esta situación nos enfrenta

---

[24] Sobre estos repliegues identitarios y sus consecuencias políticas es interesante leer Wendy Brown, *Estados de agravio*, Madrid, Lengua de Trapo, 2019.

a un doble problema que debemos asumir con urgencia. Por un lado, nos obliga a emprender una tarea de búsqueda de formas de transformar las narrativas, los imaginarios y las estéticas identitarias y emotivistas que hoy se han vuelto hegemónicas y que están —clara aunque inadvertidamente— al servicio de la reproducción de una subjetividad burguesa. Esto nos brinda la oportunidad de explorar y trastear con estéticas otras, capaces de abrir el sujeto a lo social. Capaces de sacarnos del solipsismo identitarista y de permitirnos prestar atención y hacernos cargo de dimensiones del ser que, en nuestro repertorio estético actual, permanecen invisibilizadas.

También es importante indagar en el tipo de marcos políticos que reproducen ciertas estéticas. En ese sentido, es necesario destacar la continuidad entre las estéticas del individualismo y del emotivismo y la ideología neoliberal que promueve la idea de que todos los individuos viven de manera aislada y compiten entre sí por obtener mayores beneficios en el mercado. De igual manera y como ha señalado con claridad Laura Macaya, existen conexiones entre el emotivismo y las sociedades punitivas, que están dispuestas a resolver los conflictos interpersonales mediante medidas coercitivas y penales.[25] El subjetivismo también está en el centro de algunos discursos reaccionarios que, produciendo sospecha sobre cualquier relato científico o social, consiguen infundir miedos y recelos en sociedades ávidas de transformación y mejora. Capitanear y explotar estos miedos es una de las tareas que mejor se les da a las propuestas políticas conservadoras.

Como hemos visto, cuando la precariedad, las conductas extractivistas, las tensiones, etc., se viven como

---

[25] Para profundizar en este asunto un texto imprescindible es L. Macaya y HAMACA, *Conflicto no es lo mismo que abuso*, Barcelona, La Escocesa, 2024.

males individuales o conflictos interpersonales y no como síntomas de una perversa estructuración de la sociedad y de un modelo de producción muy determinado, la acción colectiva se vuelve impensable. No hay cambio de modelo si no hay un cambio de sensibilidad, de percepción estética del todo. Nos enfrentamos pues al reto de plantearnos cómo crear contextos, espacios y dinámicas que nos permitan explorar relatos no singularizados, subjetividades disidentes e imaginarios de ruptura con la hegemonía cultural. Relatos que, escapando de la visión liberal del sujeto, puedan abrir el marco para nuevas estéticas capaces de rearticular la división natura-cultura, sujeto-contexto, estética-política, deseo-sentido, yo-nosotros. Igualmente, esto debe ir acompañado de cambios institucionales, en el modo de producción y en las relaciones de propiedad, al menos si lo que pretendemos es detonar verdaderos procesos de transformación social y no tan solo producir relatos exculpatorios.

Por ello, al enfrentarnos estructuralmente a este problema, vemos que los imaginarios, regímenes sensibles y escalas de valores, están asociados y profundamente marcados por modelos productivos, regímenes de propiedad y ordenamientos jurídicos. Veríamos que las estéticas también están condicionadas por las condiciones materiales de vida. Las trayectorias de vida, los contextos socioeconómicos, las desigualdades y las formas de justicia e injusticia por los que uno transita y es transitado, moldean y producen determinadas formas de pensar-sentir el mundo. Las estructuras de sentimiento están condicionadas tanto por elementos simbólicos como por condicionantes materiales. Las desigualdades de género, raza o clase producen formas de sentir la realidad muy concretas. Las estéticas son políticas, conviene repetirlo.

Si no se ensayan modelos de vida diferentes, si no se imaginan espacios sociales desvinculados del consumo, si no cambian las formas de acceso a la vivienda y los regímenes de propiedad sobre los que se sustentan, si no se transforman profundamente los ejes de desigualdad que ordenan y segregan nuestra vida colectiva, no podremos explorar de forma significativa estéticas diferentes. La transformación de las condiciones materiales de vida altera nuestros repositorios estéticos. A su vez, la producción de imaginarios distintos, de nuevos relatos y la ampliación del campo de deseo, contribuye a entrever realidades materiales diferentes. No se puede luchar por algo que no se puede imaginar, pero las condiciones materiales condicionan nuestra capacidad de imaginación. Las estéticas determinan sensibilidades y los cambios en lo sensible nos permiten imaginar nuevas formas de organización social y política. La materialización de nuestros imaginarios en instituciones, políticas públicas y programas de actuación limita y condiciona nuestra capacidad colectiva de imaginar.

Las instituciones, los reglamentos y las legislaciones ayudan a producir al sujeto que las habita y performa. Producen las subjetividades que van a sostener y perpetuar unos modelos institucionales o de orden social determinados. Las formas de organización condicionan y definen a las personas que las transitan. Las instituciones culturales moldean y producen regímenes de sensibilidad y subjetividad. Seguramente uno de los errores más grandes de la izquierda ha sido pensar que para cambiar las instituciones valía con cambiar las personas que las dirigían o los objetos culturales que promovían, sin impugnar el propio modelo institucional; sin cambiar ni la idea liberal de cultura que ha condicionado el diseño de dicha institución, ni los valores inherentes a la noción de cultura cuyo acceso supuestamente tienen que garantizar. Se trata de una cultura clasista que no logramos erradicar.

Si no hay derechos culturales sin derechos sociales, ni hay transformaciones en los imaginarios sin cambios profundos en las relaciones de poder que estructuran y dan forma a las sociedades, se hace central aprender a salir de los relatos individualizantes; ingeniar formas de escapar de los imaginarios y de los relatos repletos de particularismos que nos impiden ver las conexiones que vinculan a las personas con la sociedad o el medio en el que viven. Es necesario romper con la fractura estética que divide y segrega la cultura del resto de la vida económica y social. Para ello es importante desarrollar nuevos sensorios y estructuras de sentimiento capaces de sacarnos de los repliegues identitarios, de los relatos solipsistas, de las narrativas individualizantes y de las reacciones emotivistas, para así entender y atender colectivamente a los vínculos, ejes de poder, formas de desigualdad y estructuras que condicionan nuestras vidas y las de nuestras comunidades. Se trata de desplegar estéticas ecológicas que permitan tramar y articular lo particular con lo colectivo, lo individual con lo estructural, lo íntimo con la sensibilidad social.

Conclusiones: cultura y ecología o irrelevancia (y siempre barbarie)

Ecología es uno de los conceptos más ricos que tiene el lenguaje contemporáneo para indicar la interrelación masiva y dinámica de procesos y objetos, de seres y cosas, de patrones y materia.

Matthew Fuller, *Media Ecologies.*

La ecología es, entonces, una ciencia de las multiplicidades, causas dispares y creaciones de significado involuntario.

Isabelle Stengers, *Cosmopolitics I.*

Os toca
qué remedio
aprender
a amar

María Sánchez, *Fuego la sed.*

Hemos heredado un paradigma en el que las prácticas culturales están aisladas de sus contextos de creación y de las comunidades en las que surgen. Así, se privatiza la creatividad[1] y emerge el individualismo estético, es

---

[1] Max Haiven, *Crises of Imagination. Crises of Power*, Londres, Zed Books, 2014.

decir, el aislamiento tanto de la obra como del creador, en relación con su contexto. Como hemos visto, tanto Hauser como Colquhoun han insistido en que esto conlleva una invisibilización de las estructuras sociales, de los contextos y de las prácticas que permiten que estos artefactos culturales afloren. Usando el lenguaje de las redes sociales, podríamos decir que todo objeto de la industria cultural es fruto de apropiación cultural. Los mercados extraen prácticas vivas de sus contextos para reproducirlas de forma masiva en forma de mercancía. Emprendedores, *coolhunters*, *trend setters*, mánagers y demás mediadores son la cara visible de este proceso. Las prácticas culturales devienen mercancías abstractas y, por lo general, con ello pierden parte de su potencial estético, político y transformador. Se vuelven genéricas. Con esto, las prácticas culturales, ya sean disidentes, contestatarias, sociales o simplemente autorreferenciales, terminan poniéndose al servicio de la validación y reproducción de lo que es la norma, lo que «debería» ser normal. En su proceso de integración en las políticas públicas y con el desarrollo de los Estados nación esta cosa llamada cultura se ha convertido en un derecho, pero con la condición de que esté al servicio de normalizar y estandarizar gustos y comportamientos.

En contraposición a la industria cultural, está la cultura pública, la cultura de Estado: las políticas públicas, las instituciones, las becas a la producción y los derechos culturales. Esa máquina ambivalente que nació para proteger al grueso de la ciudadanía, pero que a su vez es una poderosa herramienta para invisibilizar o marginar ciertas prácticas culturales. Un sistema poderoso de legitimación que funciona sobre la base de listar qué puede y qué no puede entrar en el imaginario colectivo, que decide sobre qué o quién merece atención y centralidad, así como qué se considera periférico; qué entra en el canon; qué formas de cultura reproducen al sujeto de Estado en el que debemos inspirarnos para ser mejores ciudadanos. En definitiva, hablamos de esa maquinaria, que sirve para articular lo que el propio Estado puede o no reconocer como cultura. Una vez reconocido como cultura, esta puede ser objetivada y así devenir objeto de derechos, es decir, objeto de unos artefactos normativos que se centran, reproducen y protegen aquello que ya se parece a lo que las administraciones consideran cultura.

Como hemos señalado en el capítulo 6, estos derechos culturales adolecen del mismo problema que aqueja a la noción de cultura burguesa: que se piensan y se presentan desvinculados de su contexto de creación. La fractura estética se torna fractura administrativa. Los derechos culturales se pretenden distintos a los derechos sociales o económicos. Y aunque sobre el papel se reconozca la importancia de la cooperación y la interdisciplinariedad, las instituciones culturales parecen incapaces de dialogar y trabajar junto a otras instituciones que buscan fomentar el bienestar, combatir la emergencia climática y mejorar el urbanismo o la salud.[2] Lógicamente, esa cultura que no es natura, que no es cuerpo social, que no es más que una expresión individual de gestos de distinción, presenta un interés muy relativo. Se vuelve cada vez menos cultura y cada vez más Estado o más mercado. Metidos en un atolladero político, nos hemos puesto a garantizar una serie de derechos que la ciudadanía nunca ha reivindicado y que parecen diseñados para acallar la creciente sensación de que las políticas públicas no están articuladas con las necesidades del presente. Paradójicamente en la última década hemos pasado de reivindicar más

---

[2] Ver por ejemplo la tensión entre el MACBA y los vecinos del Raval que reivindicaban un espacio asignado al museo como nuevo centro de atención primaria: «La capilla de la discordia entre el MACBA y el barrio del Raval en Barcelona», *El Salto*, 3 de marzo de 2019.

autonomía a defender mayor intervención estatal en el ámbito la cultura.

Por otro lado, en este libro también hemos visto que la cultura bella, culta y liberal tiene un oscuro reverso con el que a pocos les apetece lidiar. Es la condición ambivalente de la cultura, que también detectó Terry Eagleton cuando afirmaba que «en su sentido original como "producción", la cultura evoca un control y, a la vez, un desarrollo espontáneo. Lo cultural es lo que podemos transformar [...] pero la cultura es un asunto de seguir reglas».[3] Uno se cultiva, o puede ser cultivado, esa es la gran paradoja de la cultura: que el mismo «material» que sirve para cultivarse, también puede ser utilizado para cultivar/colonizar a otros. La cultura encierra dentro de sí un conjunto de valores a los que uno puede decidir adherirse o a los que puede ser adherido. Como afirma Eagleton «la palabra cultura contiene en sí misma una tensión entre producir y ser producido».[4] La cultura es cultivo y es colonia a la vez, incluye promesa de libertad a cambio de imponer normatividades. La cultura es la norma que contiene el posible conflicto.

En las páginas que preceden hemos analizado con detenimiento todos estos procesos. Mi objetivo al señalar la existencia de este tipo de mecanismos no tiene que ver con un deseo de volver atrás en el tiempo, a un pasado en el que sí existía una cultura autónoma o socialmente relevante. No se trata aquí de formular una reivindicación de una forma de cultura comunitaria que, bien por ser indígena, rural o popular, se crea inocente. No hay nostalgia. Lo que hay es interés en ver cómo esta cosa que llamamos cultura está profundamente marcada por su origen sociopolítico y por los valores en los que se fundó. Y, claro, llegados a este

---

[3] Terry Eagleton, *La idea de cultura: una mirada política sobre los conflictos culturales*, Barcelona, Paidós, 2001, p. 15.

[4] Ibídem, p. 16.

punto es posible que el lector empiece a preguntarse si hay alternativa o solución. Si lo que se plantea no es un problema de gestión administrativa de la cultura sino un problema político, una impugnación de la cultura que produce y reproduce una clase social determinada, qué podemos hacer para salir o desplazar este paradigma. Qué podemos hacer cuando parece que es imposible escapar del relato humanista de que la cultura es buena de por sí. Que la cultura es solo cultivo.

En ese sentido, lo que aquí planteo es que si no impugnamos la noción de cultura liberal y burguesa, en torno a la que giran los derechos culturales —una noción sobre la que se edifican los derechos de autor y las industria culturales, que se articula con las ideas de educación y de progreso, y que, por añadidura, es incapaz de asumir o incorporar los malestares que va generando— no vamos a hacer más que repetir gestos e ideas manidas y complacientes. Esa cultura burguesa que las industrias culturales, en lugar de erradicar, han consolidado, repetido, acelerado y hegemonizado. Si hablamos de impugnar tanto esa noción de cultura que la entiende como un recurso, como la cultura que brota como fruto de un conjunto de derechos, es porque que en el presente ambas cosas acaban teniendo la misma función: la de reproducir los imaginarios, gustos y deseos de una clase media aspiracional que busca distinguirse de otros segmentos sociales; la de normalizar el aspiracionismo social y diluir los conflictos; la de crear estructuras de sentimiento, imaginarios y sensorios colectivos orientados a mitigar y normalizar el malestar que irremediablemente genera vivir en sociedades neoliberales.

Por ello la tarea que debemos emprender si queremos salir de los estrechos confines burgueses de la noción de cultura es la de trenzar y articular las prácticas y conflictos culturales con otros campos de trabajo y otros conflictos sociales. Las sociedades

contemporáneas están atravesadas por numerosos ejes
y matrices de desigualdad. Desligar lo cultural de todos estos problemas y conflictos, suponer que la cultura y su capacidad de incidir en lo simbólico operan al
margen de estos ejes de desigualdad es un craso error.
Entenderlo así y hacerse cargo de ello debería impul-
sarnos a explorar las tramas y los vínculos que existen
entre los modos de producción y los sistemas de explotación de las personas. Debería impedirnos ignorar que
nuestros hábitos de consumo condicionan la vida y la
supervivencia de seres y entornos más-que-humanos, y
a ser conscientes de que la producción y subjetivación
del deseo propician el diseño de instituciones que, a
su vez, condicionan mercados y marcos jurídicos. Debería obligarnos a asumir que nuestra capacidad de
acceso inmediato a bienes u objetos culturales tiene
consecuencias y repercusiones que debemos enmar-
car en escalas temporales más-que-humanas. Y, por
tanto, que los derechos culturales deben ser concebi-
dos siempre desde marcos y prácticas más-que-culturales; que la autonomía de la cultura solo tiene
sentido desde una óptica de la interdependencia, por
ejemplo, de las prácticas culturales con los movimientos antagonistas, los activismos medioambientales o
las luchas por la vivienda.

Para la tradición de la cultura burguesa, en la que
estamos profundamente inmersos, el potencial transformador de la cultura radica exclusivamente en su capacidad para enaltecer y mejorar el espíritu del sujeto
individual. La cultura educa. Refina. Y si mejora la vida
de las personas es por eso mismo. Su valor reside en
este potencial. Se trata de una cultura que se entiende como cultivo de uno mismo. La apuesta política de
la cultura de corte liberal consiste en defender que si
cada persona se transforma o mejora por separado,
las sociedades evolucionarán en la misma dirección.
La mejora particular de cada individuo contribuirá a

la transformación social. Se nos pide que hagamos un acto de fe: en primer lugar debemos creernos que la cultura es capaz de transformar al sujeto y convertirlo en una persona mejor. Así se normaliza la narrativa moderna de progreso. En segundo lugar, debemos creer que muchas transformaciones individuales sueltas se traducirán en una consiguiente transformación social. Es la hipótesis molecular, muchos cambios subjetivos llevan a cambios estructurales. Tercero, tenemos que creer que las sociedades evolucionan de forma lineal hacia un lugar mejor, marcado por la libertad individual y la capacidad de que los sujetos prosperen independientemente unos de otros. Impugnar la cultura burguesa es evidenciar las narrativas y los valores que esta nos exige que asumamos.

La noción de transformación que se ensaya en este libro es distinta. Hablamos de una transformación que surge de la capacidad que como sociedad tengamos de alentar y sostener conflictos. La cultura que tensiona los marcos morales y los lugares comunes, que es capaz de desnormalizar nuestros actos y creencias, que es capaz de desafiar los límites de lo convencional, tiene el potencial de abrirse a debates y entornos que son más-que-culturales. La cultura que es capaz de engarzar y enmarañar asuntos sociales y asuntos estéticos, que rompe con las dicotomías esencializantes (cultura/natura, hombre/mujer, individual/colectivo) y que es capaz de operar atravesando categorías, es una cultura que no se cierra sobre sí misma, que no es sector. Es una cultura que lanza líneas de posibilidad; que trasciende lo identitario; que acontece en el entremedias; que no ha estudiado másteres de gestión cultural; que no busca refinar personas ni mitigar conflictos. Una cultura capaz de tensionar los imaginarios y aspiraciones normalizadas para afirmar escenarios de deseo inauditos es, en definitiva, una noción de cultura ecológica que enmaraña, enreda y abigarra relaciones y dimensiones de la vida. Esta cultura escapa de lo panfletario para evidenciar las agencias materiales de los artefactos estéticos. Nos exige complejidad, nos pide prestar atención a lo material, a las tramas que vinculan y contribuyen a producir nuevas formas de opresión, pero que también pueden crear nuevos sentidos.

Denomino cultura ecológica a esta idea de cultura que es materia e imaginario, que es social y colectiva, que es objetos y es normatividades. Este concepto nos permite introducir una perspectiva más allá de la subjetividad individual y los relatos centrados en el crecimiento personal. Esta perspectiva se pregunta constantemente cómo podemos articular un nosotros complejo, cruzado por lo biológico, lo social y lo medioambiental. Para ahondar en esta noción de cultura ecológica es interesante rescatar un problema conceptual que en su momento nos presentó el polifacético, complejo y ecólogo aventajado, Gregory Bateson. En su libro *Pasos hacia una ecología de la mente,* combinando antropología, biología y cibernética, sostenía que, tradicionalmente, las distintas disciplinas de conocimiento han cometido un error epistémico. Este ha dejado importantes consecuencias en el modo en que concebimos, damos cuenta y habitamos la realidad de la que formamos parte. Según Bateson, debido a nuestros límites disciplinares y académicos abordamos por separado tres esferas de la vida que, en realidad, están estrecha e íntimamente articuladas y vinculadas entre sí. Tres sistemas complejos —al servicio de la reproducción del sujeto individual, de la reproducción social y de la reproducción biológica— que buscan reproducirse de diferentes maneras pero que se condicionan y determinan entre sí.

Para Bateson el origen de nuestro problema radica en un sesgo epistémico. Empieza con la separación sujeto-objeto, con la extracción, artificial, del ser humano del medio que habita (y, por consiguiente, con la cristalización de la escisión cultura-natura que hemos abordado antes). La cuestión es que el marco de la interpretación de la cultura liberal-ilustrada con el que operamos nos ha llevado a creer que el sujeto tiene una existencia inherente y está desvinculado de otras tramas sociales, energéticas o biológicas que lo cruzan y de las que es parte. Para Bateson el ser humano es un sistema que habita y está inserto en otros sistemas que lo determinan y con los que se define. No es posible concebir al humano sin atender al medio en el que habita. El humano y el medio son sistemas de naturaleza similar que se cruzan constantemente. Desde una perspectiva biológica, no tiene sentido separar ser o especie de su medio, puesto que son elementos que se co-constituyen y reproducen mutuamente. Impugnar la noción burguesa de cultura sería un paso para intentar suturar estos sesgos que le son inherentes.

Según Bateson el humano es un sistema autopoiético, diseñado para perpetuarse, un sistema complejo que busca preservar la vida y, así, reproducirse en el tiempo. En ese sentido «su fisiología y neurología conservan la temperatura corporal, la química de la sangre, la longitud, tamaño y forma de los órganos durante el crecimiento y el periodo embriológico, como también todas las restantes características del cuerpo».[5] Ese sistema humano, explica Bateson, no reside en la nada, sino que está inserto en otro sistema que busca también reproducirse y perpetuarse, el sistema social. «Tratamos con la sociedad donde vive ese individuo, y esta sociedad también es, otra vez, un sistema de las mismas características generales», dice Bateson.[6] El Sistema 1, es decir el humano, vive inserto en el Sistema 2, lo que define como sistema social. Este segundo sistema tiene también sus propias dinámicas

---

[5] Gregory Bateson, *Steps to an Ecology of Mind: Collected Essays in Anthropology, Psychiatry, Evolution, and Epistemology*, Chicago, University of Chicago Press, 2000, p. 435.

[6] Ibídem, p. 436.

de sostenibilidad y reproducción, que siguen lógicas diferentes de las del primer sistema. Toda sociedad se dota de mecanismos que están orientados a garantizar su reproducción y perpetuación. El sistema social —ya se trate de instituciones u organizaciones políticas, económicas o de cualquier clase— busca reproducirse y con ello a sus jerarquías de forma continua. El Sistema 2 está, a su vez, inserto en otro sistema mayor: «En tercer lugar, tratamos con el ecosistema, el contorno biológico natural de esos animales humanos».[7] No hay sistema político y social que no esté densamente imbricado en y a su vez co-produzca un tercer sistema: el sistema-natura o eco-sistema. Solo por causa de un sesgo cognitivo podemos concebir al sujeto humano como un ente que está o fuera o por encima de estos otros sistemas, sistemas de los que es indudablemente parte, que lo cruzan y que lo co-determinan. Lo que nos lleva a no poder pensar-sentir el continuo sujeto-sociedad-entorno es, precisamente, la fractura estética que hemos venido señalando.

Bateson se lamenta de que debido a la escisión entre disciplinas académicas y escuelas de saberes, estos tres sistemas se estudian y trabajan por separado, ignorando las interdependencias, sinergias y articulaciones que los cruzan. Damos por sentado que los tres sistemas son independientes y que se pueden abordar por separado en vez de tratarlos como un sistema complejo que se co-determina y co-estructura constantemente. Como «individuos autónomos», inferimos de las ideas de Bateson, «nos cuesta ver los patrones y pautas que nos conectan a nuestros mundos puesto que tenemos la atención puesta en nuestras propias necesidades y agendas».[8] Por ello en su libro *Mind and Nature* plantea la necesidad de

---

[7] Ibídem, p. 436.

[8] Jeffrey W. Bloom, «Patterns That Connect: Rethinking Our Approach to Learning and Teaching», *American Educational Research Association Annual Meeting*, Montreal, American Educational Research Association, 1999, p. 5.

entender y trabajar en torno a «la pauta que articula» las tres realidades entre sí. Sus ideas buscan romper con las escisiones moderno-cartesianas y con los binarismos epistémicos e introducir, así, un enfoque cibernético de la realidad. Esta perspectiva nos permita pensar/habitar en sistemas complejos e interconectados a través de pautas, bucles de retroalimentación y cruces energéticos. Bateson, en definitiva, «buscó un vínculo capaz de articular la mente y la naturaleza».[9] Consideraba necesario entender y trabajar a partir de «tres sistemas cibernéticos u homeostáticos: el organismo individual humano, la sociedad humana y el ecosistema más amplio»,[10] tres ecosistemas que configuran la ecología general, o lo que terminó definiendo ecología de la mente.

Bateson nos obliga a recordar también que todo sistema está insertado y cruzado por otros sistemas, ya sean informacionales, energéticos o afectivos, y que solo empezando a trabajar las pautas que conectan a unos sistemas con otros —esos patrones que nos cruzan y articulan con los demás— podemos empezar a trabajar en lo que él denomina «una ecología de la mente», es decir, una visión ecosistémica de la realidad. No hay ser que no sea un amasijo de vínculos y conexiones con otras entidades, ya sean estas biológicas, geológicas, políticas o institucionales.

Unas décadas más tarde, el anti-psiquiatra, filósofo y activista francés Félix Guattari, claramente inspirado por Bateson escribía el libro *Las tres ecologías*. En este pequeño libro exponía lo que consideraba sería una visión ecosófica de la realidad, es decir «una articulación ético-política [...] entre los tres registros ecológicos, el del medio ambiente, el de las relaciones sociales y el de la subjetividad humana».[11] El autor escribía el libro

---

[9] Ibídem, p. 6.

[10] Gregory Bateson, *Steps to an Ecology of Mind...*, p. 446.

[11] Félix Guattari, *Las tres ecologías*, Valencia, Pre-Textos, 1990, p. 8.

como una respuesta a la crisis ecológica a la que se enfrenta el planeta Tierra. Respuesta que «solo podrá hacerse a escala planetaria y a condición de que se realice una auténtica revolución política, social y cultural que reoriente los objetivos de la producción de otros bienes materiales e inmateriales».[12] Guattari considera que esta revolución solo puede surgir a partir de la transformación de estas tres esferas, la personal, la social y la medioambiental. Con ello desafía dos tradiciones diferentes: las visiones ecológicas de corte materialista más tradicionales, que ponen todo el énfasis en la transformación de los modos de producción, y los ecologismos preservacionistas que anhelan retornar a un mundo pre-industrial idealizado. Frente a una crisis ecológica, Guattari no opta por el ecologismo, sino por desarrollar una forma de pensamiento que sea ecológico en su propia forma de operar. Una forma de pensamiento capaz de articular esferas y realidades diferentes pero que se condicionan y co-determinan mutuamente.

El mundo en el que vivimos, pese a estar profundamente interrelacionado, se sigue abordando —por parte de toda una serie de escuelas y disciplinas de conocimiento, a las que les cuesta interactuar u operar de forma conjunta— como si en realidad estuviera compuesto por una serie de esferas separadas. La defensa de una cultura ecológica que aquí hemos desarrollado nos permite cruzar disciplinas y articular esferas que están completamente imbricadas, pero que tradicionalmente se han trabajado de forma aislada. En ese sentido toma el testigo de autores como Gregory Bateson, Val Plumwood o Félix Guattari, en su intento de articular las esferas de lo personal, lo social y lo medioambiental. La cultura ecológica apuesta por promover el potencial de la cultura en el establecimiento de vínculos insospechados. Apuesta por abrir puentes

---

[12] Ibídem, p. 10.

con lo inaudito, con lo que aún no tiene nombre. Es una cultura que no reside ni opera en el ámbito de la cultura. Es la cultura que responde a la función erótica que obliga a salir de los confines del yo para fascinarse por el mundo material y más-que-humano del que somos parte, que nos conforma y determina. Es la cultura que sabe que no hay subjetividad que no esté cruzada por estructuras económicas, sociales y por mundos materiales que determinan y condicionan lo que pensamos y sentimos. Es una cultura con la capacidad para revelar que el individuo es un trampantojo: la expresión somática de relaciones de poder, de decisiones, de condiciones de posibilidad y de gestión de recursos que pasan mucho más allá del cuerpo de cada cual. Esta cultura señala que no hay individuo sin sociedad y no hay sociedad que se sostenga sin un modelo productivo. Y al mismo tiempo, que no hay naturaleza que no sea fruto de estas formas de organizar la materia, el valor y el trabajo.

Desde una perspectiva ecológica, la cultura se vuelve social, se vuelve económica, se vuelve política, se vuelve naturaleza. Lo hace sin ser arte ni prácticas sociales o comunitarias. Sin ser comercial. Sin ser mitinera. Con esto no estamos preconizando una visión productivista de la cultura. La cultura no se pone al servicio de, sino en relación con. De esta manera, la cultura ecológica nace de una articulación rara de lo sensible, lo político, lo social y lo epistémico. Responde a un deseo consciente de vincular las preocupaciones y asuntos sociales, ambientales y personales. Parte de un empeño por desubjetivar y articular materialmente los malestares, del trabajo de despersonalizar los conflictos para poder así colectivizarlos. Reclama desprivatizar la imaginación individual para hacerla compartida.

Para salir de una noción burguesa de cultura es importante acabar con esa visión hegemónica que plantea que la cultura nos hace mejores. Más civilizados. Más listos. Mejores personas. Es importante acabar con esa cultura docta y útil. Quemar el Liceo. Cerrar el Prado. Inundar el Guggenheim. Divertirnos con los restos de la cultura burguesa que impiden que nos imaginemos el mundo que está por acontecer. Es la hora de rearticular la cultura con lo social. Con lo vulgar y lo cotidiano. Con lo estructural. Con los proyectos que buscan emancipación y con los espacios que trabajan por organizar un presente más justo. Romper con la fractura estética que puso la cultura por encima de la naturaleza. Lejos de la política. Lejos de la ciencia. Lejos del cuerpo. Lejos de la vida.

Bibliografía

Adorno, Theodor, *Teoría estética. Obras completas,* vol. 7, Madrid, Akal, 2005.

Adorno, Theodor, y Max Horkheimer, *Dialéctica de la ilustración,* Madrid, Akal, 2007.

Althusser, Louis, *Iniciación a la filosofía para los no filósofos,* Buenos Aires, Paidós, 2015.

Arendt, Hannah, *The Human Condition,* Chicago, The University of Chicago Press, 2018.

Arnold, Matthew, *Cultura y anarquía,* Madrid, Ediciones Cátedra, 2010.

Barad, Karen, *Meeting the Universe Halfway, Quantum Physics and the Entanglement of Matter and Meaning,* Durham, Duke University Press, 2007.

Barthes, Roland, «La muerte de un autor» en *El susurro del lenguaje,* Barcelona, Paidós, 1987.

Bateson, Gregory, *Steps to an Ecology of Mind, Collected Essays in Anthropology, Psychiatry, Evolution, and Epistemology,* Chicago, University of Chicago Press, 2000.

Beirak, Jazmín, *Cultura ingobernable,* Barcelona, Ariel, 2022.

_____ «Política cultural y arte contemporáneo, El Centro Nacional de Exposiciones», en *Art Nsición, Tra Nsición,* Madrid, Brumaria, 2018.

Bloon, Jeffrey W., «Patterns That Connect, Rethinking Our Approach to Learning and Teaching» en *American Educational Research Association Annual Meeting*, Montreal, American Educational Research Association, 1999, pp. 1-25.

Boltanski, Luc, y Ève Chiapello, *El nuevo espíritu del capitalismo*, Madrid, Akal, 2002.

Bosch, Ana, Cristina Carrasco Bengoa y Elena Grau, «La ley de dependencia y el mito del "Homo Economicus"», *Revista de Economía Crítica*, núm. 1 (5), pp. 105-7, 2021, disponible en https://revistaeconomiacritica.org/index.php/rec/article/view/392.

Bourdieu, Pierre, *La distinción*, Madrid, Taurus, 2012.

Braidotti, Rosi, *The Posthuman*, Londres, Polity Press, 2013.

Brown, Wendy, *Estados de agravio*, Madrid, Lengua de Trapo, 2019.

Code, Lorraine, *Ecological Thinking, The Politics of Epistemic Location*, Oxford, Oxford University Press, 2006.

Colquhoun, Matt, *Narcissus in Bloom*, Londres, Repeater Books, 2023.

De la Vega, Paola, «Genealogías para una gestión cultural crítica», Tesis doctoral, Quito, Universidad Andina Simón Bolívar, 2024.

Dubet, François, *La época de las pasiones tristes*, Buenos Aires, Siglo XXI, 2021.

Dussel, Enrique, *Filosofías del Sur. Descolonización y transmodernidad*, Madrid, Akal, 2022.

Eagleton, Terry, *La estética como ideología*, Madrid, Editorial Trotta, 2006.

_____ *La idea de cultura, una mirada política sobre los conflictos culturales*, Barcelona, Paidós, 2001.

_____ *Materialism*, New Haven, Yale University Press, 2016.

_____ *The Ideology of the Aesthetic*, Oxford, Blackwell, 1990.

Echeverría, Bolivar, *Definición de cultura*, Ciudad de México, Fondo de Cultura Económica, 2010.

Federici, Silvia, *Calibán y la bruja*, Madrid, Traficantes de Sueños, 2010.

Florida, Richard, *The New Urban Crisis, Gentrification, Housing Bubbles, Growing Inequality, and What We Can Do About It*, Londres, Oneworld Publications, 2017.

Foucault, Michel, *Las palabras y las cosas*, Madrid, Siglo XXI, 2009.

Freud, Sigmund, *El porvenir de una ilusión* en *Obras Completas*, vol. XXI, Buenos Aires, Amorrortu Editores, 1992.

_____ *Tótem y tabú*, Barcelona, Alianza Editorial, 1977.

_____ *El malestar de la cultura* en *Obras Completas*, vol. XXI, Buenos Aires, Amorrortu Editores, 1992.

Fumaroli, Marc, *El Estado cultural. Ensayo sobre una religión moderna*, Barcelona, Acantilado, 2007.

Gay, Peter, *Pleasure Wars. The Bourgeois Experience, Victoria to Freud*, Nueva York, Norton, 1998.

Gilroy, Paul, *Atlántico negro. Modernidad y doble conciencia*, Madrid, Akal, 2014.

Grosfoguel, Ramón, *De la sociología de la descolonización al nuevo antiimperialismo decolonial*, Madrid, Akal, 2022.

Guattari, Félix, *Las tres ecologías*, Valencia, Pre-Textos, 1990.

Haiven, Max, *Crises of Imagination. Crises of Power*, Londres, Zed Books, 2014.

Hall, Stuart, «Encoding and Decoding in the Television Discourse. Discussion Paper», University of Birmingham, Birmingham, 1973, pp. 386-398.

Hall, Stuart, y Tony Jefferson, *Rituales de resistencia. Subculturas juveniles en la Gran Bretaña de postguerra*, Madrid, Traficantes de Sueños, 2014.

Haraway, Donna J., *Ciencia, cyborgs y mujeres. La reinvención de la naturaleza*, Madrid, Cátedra, 1995.

Hauser, Arnold, *Historia social de la literatura y el arte II, desde el rococó hasta la época del cine*, Barcelona, DeBolsillo, 2021.

Hebdige, Dick, *Subculture. The Meaning of Style*, Londres, Routledge, 1979.

Hernando, Almudena, *La fantasía de la individualidad. Sobre la construcción sociohistórica del sujeto moderno*, Madrid, Traficantes de Sueños, 2018.

Kant, Emmanuel, *Filosofía de la historia*, La Plata, Terramar Ediciones, 2004.

Labrador, Germán, *Culpables por la literatura. Imaginación política y contracultura en la transición española (1968-1986)*, Akal, Madrid, 2017.

Latour, Bruno, «Politics of Nature, East and West Perspectives», *Ethics and Global Politics*, 2011, disponible en https://doi.org/10.3402/egp.v4i1.6373.

Latour, Bruno, y Nikolaj Schultz, *Manifiesto ecológico político*, Madrid, Siglo XXI, 2023.

Liddell, Angélica, *El centro del mundo*, Segovia, Ediciones Uña Rota, 2014.

Lorey, Isabell, *Estado de inseguridad. Gobernar la precariedad*, Madrid, Traficantes de Sueños, 2016.

Macaya, Laura, y HAMACA, *Conflicto no es lo mismo que abuso*, Barcelona, La Escocesa, 2024.

MacIntyre, Alasdair, *Tras la virtud*, Madrid, Austral, 2020.

Martínez, Guillem, CT *o la cultura de la transición. Crítica a 35 años de cultura española*, Barcelona, DeBolsillo, 2012.

Martínez, Rubén, y Jaron Rowan, «Nuevas economías de la cultura», Barcelona, YProductions, 2009, disponible en http://www.demasiadosuperavit.net/wp-content/uploads/2013/07/nuevas_economias_cultura_yproductions.pdf.

Maturana, Humberto, y Francisco Varela, *The Tree of Knowledge. The Biological Roots of Human Understanding*, Boulder, Shambhala Publications, 2007.

McRobbie, Angela, «Jackie', An Ideology of Adolescent Femininity», Birmingham, Centre for Contemporary Cultural Studies (CCCS Stencilled Papers), 1978.

Merchant, Carolyn, «The Scientific Revolution and The Death of Nature», *Isis*, núm. 97 (3), pp. 513-33, 2006, disponible en https://doi.org/10.1086/508090

Mignolo, Walter D., *The Darker Side of Western Modernity*, Durham, Duke University Press, 2011.

Moore, Jason W., *El capitalismo en la trama de la vida. Ecología y acumulación de capital*, Madrid, Traficantes de Sueños, 2020.

Nietzsche, Friedrich, *Obras Completas I. El nacimiento de la tragedia. El caminante y su sombra. La ciencia jovial*, Madrid, Gredos Editorial, 2014.

Noë, Alva, *The Entanglement. How Art and Philosophy Make Us What We Are*, Nueva Jersey, Princeton University Press, 2023.

Oakley, Kate, «Whose Creative Economy? Inequality and the Need for International Approaches», *Les Enjeux de l'information et de La Communication*, núm. 17/2 (2), 2017, pp. 163-171, disponible en https://doi.org/10.3917/enic.021.0163

Pascual i Ruiz, Jordi, *Desarrollo sostenible y derechos culturales. Contribuciones desde las ciudades y los gobiernos locales con la Agenda 21 de la cultura y cultura 21 acciones*, tesis doctoral, Gerona, Universitat de Girona, 2021.

Pérez Orozco, Amaia, *Subversión feminista de la economía*, Madrid, Traficantes de Sueños, 2014.

Plumwood, Val, *Feminism and the Mastery of Nature*, Londres, Routledge, 1993.

Prieto de Pedro, Jesús, *Cultura, culturas y Constitución*, Madrid, Centro de Estudios Políticos y Constitucionales, 2013.

Quaggio, Giulia, *La cultura en transición, reconciliación y política cultural en España, 1976-1986*, Madrid, Alianza Editorial, 2014.

Ramos Cebrián, Sergio, *Espacios activos y derechos pasivos, una historia no resuelta en las políticas culturales de proximidad*, tesis doctoral, Universitat de Vic - Universitat Central de Catalunya, 2021, disponible en http://dspace.uvic.cat/handle/10854/6756

_____ «Explorando los derechos de participación cultural y nuevas maneras de acceso a la cultura», *Periférica Internacional. Revista para el análisis de la cultura y el territorio,* núm. 20, 2019, pp. 232-241, disponible en https://revistas.uca.es/index.php/periferica/article/view/5593.

Rancière, Jacques, *El malestar en la estética,* Madrid, Clave Intelectual, 2012.

Rivera Cusicanqui, Silvia, *Un mundo ch'ixi es posible. Ensayos desde un presente en crisis,* Buenos Aires, Tinta Limón, 2018.

Rodríguez, Emmanuel, *La política en el ocaso de la clase media. El ciclo 15M-Podemos,* Madrid, Traficantes de Sueños, 2016.

Rowan, Jaron y Sergio Ramos Cebrián, «La cultura como colonia, instrucción y cultivo. De cómo las diferentes nociones de cultura afectan a las políticas culturales», *ANIAV - Revista de Investigación En Artes Visuales,* núm. 12, marzo de 2023, pp. 1-12, disponible en https://doi.org/10.4995/aniav.2023.19143.

Rowan, Jaron, «Cultura, civilización y progreso, sobre el legado de las políticas culturales de la transición española», *Revista Anales,* núm. 60, diciembre de 2021, pp. 43-55, disponible en https://doi.org/10.18537/auc.60.05.

_____ «El juego de las sillas, o la participación como redistribución de poder», *Revista PH,* núm. 363, julio de 2020, disponible en https://doi.org/10.33349/2020.101.4725.

_____ «Erótica, vínculos e interdependencia. Diseños de cuidado», *INMATERIAL. Diseño, Arte y Sociedad,* núm. 5 (9), pp. 41-60, 2020, disponible en https://doi.org/10.46516/inmaterial.v5.81.

_____ *Emprendizajes en cultura, discursos, instituciones y contradicciones de la empresarialidad cultural,* Madrid, Traficantes de Sueños, 2010.

Salami, Minna, *Sensuous Knowledge. A Black Feminist*

Approach for Everyone, Londres, Zed Books, 2020.

Sánchez León, Pablo, «Desclasamiento y desencanto. La representación de las clases medias como eje de una relectura generacional de la transición española», *Kamchatka. Revista de Análisis Cultural*, núm. 0 (4), pp. 63-99, 2014, disponible en https://doi.org/10.7203/kam.4.4145.

Sánchez, María, *Fuego la sed*, Barcelona, Editorial Anagrama, 2024.

Sert Arnús, Genara, *El concepto de autonomía del arte en TH. W. Adorno*, tesis doctoral, Barcelona, Universitat de Barcelona, 2015, disponible en http://hdl.handle.net/10803/287329

Siedentop, Larry, *Inventing The Individual. The Origins of Western Liberalism*, Londres, Penguin Books, 2015.

Stengers, Isabelle, *Cosmopolitics I*, Mineápolis, University of Minnesota Press, 2011.

Storey, John, *Teoría cultural y cultura popular*, Barcelona, Octaedro, 2002.

Subirats, Eduardo, *Deconstrucciones hispánicas*, Madrid, EDAF, 2014.

Thompson, Edward P., *Costumbres en común*, Madrid, Capitán Swing, 2019.

Tylor, Edward B., «La ciencia de la cultura» en J. S. Kahn (ed.), *El concepto de cultura. Textos fundamentales*, Barcelona, Anagrama, 1975, pp. 29-46.

University of Birmingham Centre for Contemporary Cultural Studies, *The Empire Strikes Back, Race and Racism in 70s Britain*, Londres, Routledge, 1992.

Vaquer Caballería, Marcos, *Estado y cultura. La función cultural de los poderes públicos en la Constitución española*, Madrid, Centro de Estudios Ramón Areces, 1998.

Varela, Francisco J., *Ethical Know-How, Action, Wisdom, and Cognition*, Redwood City, Stanford University Press, 1999.

Varela, Francisco J., Evan Thompson y Eleanor Rosch, *De cuerpo presente*, Barcelona, Gedisa, 2011.

Vich, Víctor, *Desculturizar la cultura. La gestión cultural como forma de acción política*, Buenos Aires, Siglo XXI, 2014.

Vindel, Jaime, *Cultura fósil*, Madrid, Akal, 2023.

Williams, Raymond, *Culture and Materialism*, Londres, Verso Books, 2005.

_____ *Palabras clave, un vocabulario de la cultura y la socie-dad*, Buenos Aires, Nueva Visión, 2003.

_____ *Cultura y Sociedad, 1780-1950. De Coleridge a Orwell*, Buenos Aires, Nueva Visión, 2001.

Willis, Anne-Marie, «Ontological Designing», *Design Philosophy Papers*, núm. 4 (2), 2006, pp. 69-92, disponible en https://doi.org/10.2752/144871306X13966268131514.

Willis, Paul, *Aprendiendo a trabajar. Cómo los chicos de la clase obrera consiguen trabajos de clase obrera*, Madrid, Akal, 2017.

Wulf, Andrea, *Magníficos rebeldes, los primeros románticos y la invención del yo*, Madrid, Taurus, 2022.

Yúdice, George, y Toby Miller, *Política cultural*, Barcelona, Gedisa, 2004.

Zafra, Remedios, *El entusiasmo*, Barcelona, Anagrama, 2017.